일본 고전문학의 배경과 흐름

일 본 학 총 서 03

일본 고전문학의 배경과 흐름

김충영 지음

고려대학교출판부
KOREA UNIVERSITY PRESS

머리말

문학 작품이 그 사회를 살다간 사람들의 삶의 흔적이란 말에는 참으로 공감이 간다. 일본 고전문학의 경우도 마찬가지다.

상대의 작품들은 일본 고대인들의 꾸밈없고 순수한 문학적 숨결을 전하는 듯하고, 귀족 문화가 꽃피었던 중고시대의 작품들에서는 귀족 문화의 화려함 뒤에 숨겨진 당시 사람들의 애환이 느껴진다. 중세의 작품들로부터는 삶의 고뇌로 독자들의 관심을 끌려는 중세 사람들의 호소가 들려오는 듯하고, 근세의 작품들에서는 향락에 몸을 내던진 근세 사람들의 현실 쾌락주의적인 인생관이 돋보인다.

이와 같은 느낌이나 이해는 어디까지나 필자의 주관에 의한 것이어서 반론의 여지도 얼마든지 있을 수 있다. 허나 그래도 이와 같은 이해가 허락된다면, 여기에는 문학 전개상의 한 흐름이 포착된다.

그것은 일견 어떤 한 개인의 인생 역정과도 같은 문학사적 굴곡이다. 처음에는 꾸밈없고 순수했다가, 우아한 귀족 문화의 진수를 맛보기도 하고, 거듭되는 역경의 무게로 깊어만 가는 삶의 고뇌를 호소하다가, 급기야 자포자기적인 향락에 몸을 내던지고 마는……. 이것은 다소 황당하게도 보일 수 있는 필자 나름의 이해일 따름이나, 이처럼 자유롭게 전체의 흐름을 파악해 보는 것도 괜찮지 않을까 싶다.

일본문학사의 구분에서는 상대로부터 근세까지의 문학작품을 고전으로 구분한다. 바꿔 말하면, 이 근세까지의 문학이 일본 근현대문학의 토대요, 오늘날 일본 문화의 줄기와 잎을 내게 한 뿌리이다.

필자는 그 토대나 뿌리에 관한 평가에 관해서는 독자의 몫으로 남겨 두고자 한다. 각 작품의 설명 뒤에 간간이 덧붙인 평가 항목은 독자의 이해를 돕고자 하여 일반적인 세평을 정리해 둔 것일 뿐이다.

문학사에 관한 올바른 이해를 위해서는 문학사적 배경과 흐름에 관한 통시적 파악이 무엇보다도 중요하다고 필자는 판단하였기에, 집필의 방향타를 늘 여기에 맞추려 노력했다. 그 문학사적 배경과 흐름에는 역사적 사건들이 또한 긴밀히 맞물려 있기에, 이에 관한 기본적 언급도 가급적 빠뜨리지 않으려고 애썼다.

비록 조그마한 성과이긴 하나, 일본의 고전문학에 관심을 가진 분들에게 조금이나마 도움이 되었으면 하는 마음으로 이 책을 펴낸다.

필자의 학문 생활에 도움 주신 모든 분들께 감사하며, 이 책을 위해 기꺼이 자신들의 시간과 노력을 쏟아 준 엄인경 선생, 이혜원 선생, 조교 이윤지 양 등에게 고마움을 표한다. 또한 고려대학교출판부에도 심심한 감사를 전한다.

2007년 2월 봄의 문턱에서

김충영

차 례

III. 중세 문학
中世文学

Ⅳ. 근세 문학 近世文学

I 상上대代문학

1. 개관

시대 구분

일본에 아직 한자가 전해지기 이전의 초기의 문학 형태는 입에서 입으로만 전해지는 구승문예口承文芸의 형태였다. 그러하던 일본에 백제 사람 왕인王仁이 《천자문千字文》 1권과 《논어論語》 10권을 들고 건너갔다. 여태 문자라는 것을 모르고 지내 오던 일본인들은 문자라는 것을 이때 처음 접했다. 문맹의 어둠 속을 헤매다가 이때 비로소 개안開眼을 하여 문명의 빛을 보게 된 것이다. 일본이 문명국으로의 첫걸음을 내딛은 시점은 이때라 보는 것이 타당할 것이다. 그와 때를 같이 하여, 여태껏 원시적 구승문예의 형태에 머물러 있던 일본 문학도 글로 써서 남기는 기재문예記載文芸의 형태로 바뀌는 일대 혁신을 맞게 되었다.

이 시기의 일본의 정치사적 명칭은 아스카飛鳥 시대이며, 이후 고대 문학의 전성기였던 나라奈良 시대까지를 문학사에서는 상대上代 혹은 고대古代라 구분해서 부른다. 상대의 수도는 후지와라藤原(지금의 나라奈良 남부) · 헤이조城(지금의 나라) 등 주로 야마토大和(나라 일대의 옛 지명) 지방을 중심으로 하여 정해졌으며, 서기 794년에 수도를 헤이안平安(지금의 교토京都)으로 옮기기 이전까지가 이 시대에 해당된다.

정치적 배경

아직 국가의 형태가 이루어지지 않았던 원시 시대의 일본인들은 여느 민족들의 경우와 마찬가지로, 자연발생적 집단인 원시공동체의 형태로 사냥과 채집을 통해 생활을 영위하고 있었다. 그러다가 이윽고 농경을 시작하게 되고, 줄무늬 토기를 만들어 쓰던 조몬繩文 시대를 지나 기원전 3세기경에 이르러서는 벼농사 문화도 전해져서 원시 농경 사회가 이루어졌다. 기원전 3세기 말부터 시작된 야요이弥生 시대에는 금속기 문화도 전해져서 생산력이 비약적으로 발전하고, 곳곳에 작은 규모의 국가 형태가 이루어지기도 했다.

씨족들 간의 잦은 다툼이 있었고, 그에 수반되는 죽음이나 굶주림은 당시 사람들에게 공포심을 안겨 주었다. 게다가 지진이나 태풍 등의 재앙이나 천둥 번개와 같은 자연 현상은 아직 미개했던 그들을 두려움에 떨게 하여, 고대 일본인들로 하여금 절대적 존재에 대한 신앙심을 갖게 했다. 즉, 인간의 힘으로는 어찌 못하는 갖가지 고충을 신적 존재에게 비는 것으로 해결하려고 했다.

그래서 신과 관련된 행위인 주술이나 제사가 신성시되었고, 심지어는 나라를 다스리는 정치적 행위에서도 신의 뜻에 따르려 했다. 그러나 일반인이 신과 직접 교통할 수는 없는 노릇이었으니, 신에 관한 일은 '미코巫女'라는 여인이 관장했다. 자연 그녀는 정치적 리더인 수장首長까지도 겸하게 되었고, 그 보좌역 내지는 전달자로서의 역할은 남자가 맡았다. 즉, 남자는 이 미코의 입을 통해 전해지는 신의 뜻을 일반인들에게 전하는 전달자로서의 역에 그쳐, 여성 우위의 모계 사회적인 측면을 엿볼 수 있다.

각처에 난립하고 있던 크고 작은 국가들은 4, 5세기경에 야마토大和 정권에 의해 병합·통일되어 통일적 씨족 국가의 형태로 되어갔다. 정치적 통일을 이룬 야마토 조정朝廷은, 다른 씨족들을 복속시키면서 그들이 갖고 있던 제사권까지도 박탈하여 야마토 조정에서 받드는 신을 모실 것을 강요했다. 그럼으로써 종교적인 통일도 이룩한 것이다. 이때 행해진 '우네메采女 제도'[1]는 정치적·종교적 체제의 통일을 유지하기 위한 하나의 수단이었다.

문화적 배경

앞에서도 언급했듯이 4세기 후반에 백제인 왕인이 《천자문》 1권과 《논어》 10권을 들고 가서 일본인들에게 한자를 전해 준 것은 획기적 사건이었다. 그러나 한자가 일상생활의 문자로 실용화되기까지는 적지 않은 기간이 걸렸던 것으로 보인다. 그나마 일부의 지식인들 사이에서 한문의 읽기와 쓰기가 어느 정도 습득된 시기는 약 1세기 반이 지난 6세기 중엽에 이르러서라고 추측된다.

한반도로부터의 한자가 전래된 지 한참이 지난 7세기 초엽에는 중국 대

1 각처의 호족들로 하여금 그 딸을 천황의 시중을 드는 여관女官으로 바치게 하여 중앙집권적인 통제의 수단으로 삼은 제도.

륙으로부터의 본격적인 문화 유입이 시작되었다. 견수사遣隋使·견당사遣唐使 등의 사신을 각각 수隋와 당唐에 파견하면서 대륙의 문물·기술·제도 등을 본격적으로 받아들이게 되면서부터, 일본은 점차 고대 국가로서의 체제를 갖추어 갔다. 이른바 '대륙 문화 유입 시대大陸文化流入時代'를 맞이한 셈이다.

그리고 한자의 음과 뜻을 따서 일본어를 표기하는 시도도 점차 행해져서, 8세기경에는 《고지키古事記》, 《후도키風土記》 등이 편찬되어 초기 문학 형태가 이루어지기도 했다.

사상적으로는 6세기경에 불교·유교 등의 외래 사상이 전래되어, 7세기 무렵에는 꽤 성행했으며, 이런 사상들이 점차 일본인들의 민족정신의 근간을 이루어 갔다.

여러 가지로 아직 틀이 잡혀 있지 않았던 고대 일본에서, 현대 일본의 근간이라 할 수 있는 정치사상적 기틀을 마련한 인물이 쇼토쿠 태자聖德太子[2]이다. 그는 수나라에 사신을 보내어 중국의 선진 문물을 적극적으로 유입시켰으며, 백제의 승려에게 불교를 배워 그것을 일본적으로 해석한 주석서를 내는 등 불교가 일본에 정착하는 데에 결정적 공헌을 했다. 외래 문물의 수용에 적극적인 한편, 그는 주체성도 중시했다. 수나라의 왕에게 보내는 문서 속

---

2 스이코推古 천황의 섭정으로서 내정과 외교에 많은 노력을 기울였다. 604년에 '헌법17조'를 제정하여 선포하고, 607년에는 오노노 이모코小野妹子를 중국 수나라에 사신으로 파견하여 수준 높은 수나라의 선진문물을 적극적으로 받아들였다. 또 불교의 흥륭에도 기여하여, 호류지法隆寺·시텐노지四天王寺 등을 건립하고, 불전의 주석서도 냈다. 이와 같은 그의 갖가지 치적이 높이 평가되어 그에 관한 이야기는 여러모로 전설화되기도 했으며, 심지어는 신격화되어 이른바 '태자太子 신앙'을 낳기도 했다.

의 '황제'라는 칭호와 격을 맞추고 있어, 일본 국왕의 칭호를 '천황天皇'이라 쓰기 시작한 것도 그였다고 추측되곤 한다. 최근에는 그보다 약간 나중인 덴무天武·지토持統 천황 때에 이 칭호가 성립되었다는 설도 나와 관심을 끌고 있다.

그는 또 국가를 올바른 방향으로 꾸려나가기 위해서는 현실에 맞는 정치 제도나 도덕적인 관료의 존재가 무엇보다도 필요하다고 느껴, 그 바람직한 방향을 유교에서 찾은 '헌법17조憲法十七条'를 604년에 제정 공포했다. 이것은 한문으로 적혀 있으며, 여기에는 쇼토쿠 태자가 그린 이상적 국가관이 나타나 있다.

그가 생각한 이상적 국가란, 불교·천황·유교라는 세 가지 근본이 조화를 이루는 것이었다. 즉, 사상적 근본으로서의 불교, 나라의 중심으로서의 세습 천황, 그리고 정치 윤리적 토대로서의 유교라는 세 근본이 조화를 잘 이루어야 국가가 바로 선다는 것이다. 또, 이 '헌법17조'의 첫 항인 제1조에는 오늘날 일본인들이 일상생활의 기본 원칙으로서 가장 소중하게 여기는 '와和' 사상의 중요성이 강조되어 있다.

이와 같은 치적을 쌓은 쇼토쿠 태자는 일본 문화의 한 기틀을 마련한 인물로서, 일본 고대사에서 최고의 공로자로 일본인들에게 추앙받고 있다. 쇼토쿠 태자가 활약한 시대는 나라의 아스카 지방을 중심으로 번영하였으므로 '아스카 시대'라 불린다.

그가 죽은 후에는 소가蘇我 씨가 강성해져서 정권을 장악하게 되어, 야마토 조정의 기반이 송두리째 흔들리게 되었다. 그래서 야마토 조정은 7세기 중엽경에 당풍唐風의 중앙집권국가 건설을 목표로 하여, 체제 정비를 위한

'다이카 개신大化改新'(645년)을 단행했다.

그 이후 점차 중앙집권적인 율령 체제가 정비되어, 몬무文武 천황 때인 701년에는 '다이호 율령大宝律令'을 제정 공포하게 됨으로써, 보다 강력한 중앙집권적인 국가가 건설됨과 동시에, 천황의 권위도 확립되기에 이르렀다. 이 율령은 흔히 근세近世라 일컬어지는 에도江戸 시대에 이르기까지 오랫동안 일본 정치의 기본이 되었고, 이때 정해진 '다이진大臣', '오쿠라쇼大蔵省',[3] '고리郡' 등의 명칭은 오늘날에도 그대로 쓰이고 있다.

여태까지의 수도는 주로 야마토 지방을 중심으로 하여 일정하지 않았지만, 8세기 초에 들어 당唐의 수도 장안長安을 모방하여 나라奈良(당시명은 헤이조쿄平城京)에 수도가 본격적으로 건설되었다. 그리고 정치 체제의 정비에 힘입어 각종 대륙 문화가 무리 없이 일본에 정착하게 되어, 나라 시대의 문화적 전성기였던 '덴표天平의 전성시대'를 맞게 되었다.

일본 최초의 가요집 《만요슈万葉集》, 현존 최고最古의 고전 《고지키》, 최초의 한시집漢詩集 《가이후소懐風藻》, 그리고 왕인에 관한 기술 등 고대 한반도 관련 기사를 담고 있는 《니혼쇼키日本書紀》 등은 위와 같은 문화적 배경 속에서 편찬되어 세상에 나왔던 것이다.

구승 문학口承文学에서 기재 문학記載文学으로

미개한 원시인들에게는 죽음이나 각종 자연 재앙은 공포의 대상이었고, 이를 극복하기 위한 유일한 방편으로 신을 찾게 되었다. 사람들은 인간의

3 이 명칭은 메이지 유신明治維新 이후부터 서기 2000년까지 쓰였으나 최근에 자이무쇼財務省로 개칭되었다.

힘이 미치지 못하는 불가항력적 고충을 신적인 존재에게 호소하려 하여, 고대 일본인들은 주술이나 제사를 공동체의 중요한 행사로 삼았다.

이 주술 신앙을 바탕으로 한 종교적 행사에서, 사람들은 절대자인 신에게 각자의 소원을 빌어 제각기 바라는 바를 이루려 했는데, 그 수단이 되었던 것은 음악이나 몸짓을 수반하여 말로 하는 주문이었다. 신에게 호소하는 감정을 담은 가요를 주문 대신 읊기도 했고, 신들의 행위를 모의적으로 흉내내기도 했다. 이와 같은 주술 행위는 처음에는 정리되지 않은 형태였으나, 그 행위를 거듭함에 따라 차차 세련미를 더해 갔다.

그러나 생산 기술의 발달로 주술 신앙이 쇠퇴하면서 사람들의 가요나 얘깃거리는 제사로부터 점차 멀어지게 되고, 노래나 이야기 자체를 목적으로 하여 그 속에서 즐거움을 찾게 되었다. 이렇게 해서 문학이 제사의식으로부터 떨어져 나와 독립하게 되었던 것이다.

한편, 주술적 제사의식은 규모가 커진 국가의 질서 유지, 체제 강화를 위한 지배의례支配儀礼로 탈바꿈되었고, 가요나 이야기는 정치적 성격을 띠면서 발전을 거듭해 갔다.

이러한 상태에서 이루어진 한자의 전래는, 커다란 문학적 자극을 가져다 준 계기가 되었음은 말할 나위도 없다. 입으로만 전해지던 수많은 이야기나 전승伝承이 문자로 기록되기 시작한 것이다. 이리하여 사람들의 입에서 입으로 떠돌던 수많은 얘깃거리들은, 그동안 불안스레 이어 왔던 유랑생활과의 결별을 고하고 문학이라는 터전에 안주할 수 있게 되었다. 주로 집단의 감정을 표현하는 것에 머물던 가요도 대륙에서 유입된 새로운 문물의 영향으로 개인의 내면적 감정을 표출하는 수단으로 발전해 갔다. 그리고 거기에 음악적인 요소까지도 가미되어 5 · 7조의 운율이 이 무렵 생겨났다.

8세기 초에 이르러서는 국가 차원의 의지에 힘입어《고지키》,《후도키》,《니혼쇼키》 등이 잇달아 편찬되면서, 구전으로만 이루어지던 종래의 문학 형태가 글로 정리되는 기재 문학의 형태로 발전했다. 이들 작품에는 높은 서사적 문학성을 띠는 부분도 포함되어 있다.

또한 고대인들의 서정적인 측면도 점차 기재 문학의 형태로 표출되기에 이르러, 7세기 말경에는 조카長歌 · 단카短歌 · 세도카旋頭歌 등의 형태가 생겨났다. 그중에서도 단카는 사적私的인 서정을 나타내는 데 가장 적합한 형태로 여겨져서 널리 읊어졌으며, 이들 작품이 한데 모인 것이 일본이 자랑하는 고대의 서정시집《만요슈》인 것이다. 이《만요슈》 시대에 이르러서는, 아직 집단적 가요의 흔적을 남기고 있으면서도, 집단이 아닌 개인적 감정을 담은 개성 있는 운문 형태인 와카和歌가 출현하게 된 셈이다.

2. 장르별 주요 작품

1)산문

《**고지키**古事記》

· 주제

국토의 통치자인 천황의 기원과 본질을 신화로 정리했다. 각 천황들의 구체적인 행위(즉위 · 행차 · 구혼 등)를 적고 있으며, 반역자는 절대로 왕실을 이길 수 없다는 '왕위 존엄 사상'이 근간을 이루고 있다.

• 개요

전체 세 권卷으로 이루어진 역사적 문학서로 성립 과정이 서문에 상세히 적혀 있다. 이 서문에 의하면, 처음에 이것의 편찬을 발의한 사람이 덴무天武 천황[4]이었다고 한다. 덴무 천황은 왕실의 계보나 왕위 계승의 내력, 그리고 왕실이나 민간에 전해지는 신화 · 전설 등을 후세에 전하고자, 그런 얘기들을 암송하던 히에다노 아레稗田阿礼[5]에게 명하여 《고지키》 편집에 착수하려 했으나 뜻을 이루지는 못했다. 겐메이元明 천황은 그 유지를 받들어 711년 9월 18일 오노 야스마로太安万侶[6]에게 명하여 히에다노 아레가 암송한 것을 받아 적게 하였다. 그리고 불과 4개월 반 만인 이듬해 712년 1월 28일에 《고지키》가 완성되었다. 작품 전체에 걸친 표기는 한자의 음과 뜻을 혼용하고 있어 오노 야스마로가 고심했던 흔적이 적지 않게 엿보인다. 사람 이름이나 가요의 표기는 1자 1음 방식인 '만요가나万葉仮名'를 사용하여, 일본 고유어의 어법이나 음운을 충실히 표기하려 했다.

전체 체재는 상 · 중 · 하의 3권으로 구성되어 있으며, 각 권의 내용은 대강 다음과 같다.

① 상권上巻 : 신화 이야기가 주를 이루고 있어 '신대神代의 권巻'이라 일컬어지며, 천지창조 신화라든가 해양 신화 등이 적혀 있다. 따라서 등장하는 것은 모두 신神뿐이다. 천지창조로부터 진무神武 천황 탄생까지의 이야기가 신화로 적혀 있어, 황실 지배의 정당성을 강조하고 있다. 이 상권의 압권은 천손강림天孫降臨 신화이다. 이는 천황이 일반 사람들과는 다른, 신의 계보를 잇는 존재라는 것을 내세움으로써 왕실 지배 체제에 신적인 권위를 부여하려는 목적하에 다분히 의도적으로 지어낸 것임

4 ?~686년. 무력으로 왕위에 올랐으며, 강력한 권력으로 유력한 씨족들을 제압하여 율령체제의 기반을 확립했다. 또한 문화 부흥에도 힘써, 불교가 융성해지는 기반을 구축하기도 했다.

5 생몰년生没年 미상. 《고지키》의 서문에 의하면 《고지키》를 편집했을 당시의 그의 나이는 28세였으며, 한번 보고 들은 것은 좀체 잊지 않는 총명한 사람이었다고 한다.

6 ?~723년. 몬무文武 · 겐메이元明 · 겐쇼元正의 3대 천황에 걸쳐 조정에서 근무한 문관. 박학다식하여 《니혼쇼키》의 편찬에도 참여했다고 한다.

에 다름 아니다.

② 중권中巻 : 사람 세계의 이야기를 담고 있다는 뜻으로 '인대人代의 권巻'이라 일컬어지며, 진무 천황으로부터 오진応神 천황까지의 건국 전설 중심으로 기술되어 있다. 각 천황들은 뭇 신들의 계시나 도움에 의해 정치를 행하는 신도神道적 천황으로서 그려져 있다. 오진 천황까지만 기술하여 하권과 구분한 것은, 오진 천황까지가 신비로운 천황상으로 그려져 출생 설화가 신비화된 신도적 천황이며, 그 다음 닌토쿠仁徳 천황부터는 성군聖君으로서, 신으로부터 독립되기 시작한 사람 천황대('인황대人皇代')라는 구분 의식이 있었기 때문이다.

③ 하권下巻 : 중권과 마찬가지로 '인대人代의 권巻'이라 일컬어지며, 닌토쿠仁徳 천황으로부터 스이코推古 천황까지의 역사와 전설 등이 적혀 있다. 여기에 기술된 천황들은 신으로부터 독립하여 유교적으로 이념화된 덕망 있는 천자天子로 그려져 있다. 역사를 토대로 하고는 있으나, 역사적 사실 그대로를 적고 있다고 보기는 어렵고 다소의 각색이 가미된 것으로 보인다.

• 의의

현존하는 최고最古의 고전이며, 시가詩歌 · 이야기 · 연극 등의 요소가 혼재하여 후세에 이루어진 모든 문학 형태의 원천을 여기서 찾을 수 있다. 또 신화나 전설의 묘사 속에 엿보이는 고대 일본인들의 풍부한 상상력이 돋보여 대서사시적인 작품으로 평가받고 있다. 그리고 고대의 언어 · 신앙 등 옛 일본인 관련의 적지 않은 정보도 담겨 있다. '천황'에 관해 기술한 책이라 해도 과언이 아닐 정도로 천황 관련 기술이 주종을 이루고 있어, 일본 천황 관련의 주요 자료로서 갖는 의의도 크다.

《니혼쇼키日本書紀》

• 편찬의 주목적

당시 선진국이던 중국 사람들에게 읽혀서, 일본에도 중국의 역사서 못지않은 대역사서가 있다는 것을 보여 주려는 데에 있었다. 다시 말하면 《한서漢書》 등의 중국의 정사正史를 의식하여 일본 나름의 정사로서 편찬하려 한 의도가 깔려 있다.

당시 일본인들의 제국적 대외의식도 엿보인다.

• 개요

덴무天武 천황의 셋째 아들인 도네리舎人 친왕親王이 주축이 되고, 오노 야스마로太安万侶 등의 학자들이 협력하여, 겐쇼元正 천황 재위 시인 720년에 완성되었다. 《고지키》보다 8년가량 후에 성립된 셈이나, 내용상 유사한 데가 많아 두 작품 사이의 긴밀성을 엿볼 수가 있다. 그래서 흔히 두 작품을 함께 부르는 말로 끝 글자를 따서 '기키記紀'라는 약칭이 쓰인다.

문장은 한문적인 표현으로 쓰였으며, 중국의 역사서(《한서漢書》, 《후한서後漢書》 등)를 참고로 한 흔적이 두드러진다. 다만 운문의 경우에는 한자의 음音과 훈訓을 이용한 만요가나의 표기법에 의해 적고 있다.

전체 30권으로 이루어진 편년체 기술의 역사서이다. 《고지키》와 마찬가지로 일본의 건국신화를 담고 있으나, 《고지키》에 적혀 있는 신화의 상당 부분이 《니혼쇼키》에는 생략 또는 결여되어 있다. 즉, 《니혼쇼키》에는 신화 이야기 중 '천손강림' 관련 신화가 중시되어 있으며, 그 밖의 신화나 전설은 가볍게 다루어진 측면이 엿보인다. 이는 천황의 조상신 관련의 이야기만 부각시킴으로써, 천황 집안과 건국신화를 직결시키려 한 편집 의도가 있었기 때문으로 보인다.

《고지키》가 문학서적인 성격이 강한 데에 비해 《니혼쇼키》는 정통한 역사서로서 인정된다. 다만, 이 《니혼쇼키》도 많은 신화나 전설을 담고 있으며, 게다가 128수에 이르는 가요도 수록하고 있어, 문학서적인 성격도 다분히 내포하고 있다. 이 작품의 내용과 의의를 간략히 구분해서 정리해 보면 다음과 같다.

① 내용 : 제 1, 2권은 '신대神代'의 신화나 전설이 기술되어 있으며, 제3권 이후는 진무神武에서 지토持統에 이르는 역대 천황 관련 기술이 편년체로 적혀 있다. 가요 등의 운문을 제외하고는 순수한 한문체로 적혀 있다.

② 의의 : 소위 '육국사六国史'[7]로 손꼽히는 역사서 시리즈의 첫 사서史書이다. 한문체로 쓰여 일본 고유의 고어古語 · 고의古意를 잃었으며, 문학성도 희박하다고 평가

받기도 한다. 그러나 옛말에 관한 훈주訓註를 포함하고 있으며, 자료 수집에 역점을 두고 엮어져, 고어 연구의 중요 자료가 되고 있다. 해석상의 문제로 한 · 일 양국의 학자들 사이에 의견이 엇갈리기는 하나, 왕인에 관한 기록 등 고대의 한반도와의 관계에 관한 기사도 있어, 고대 역사 연구에 있어서 하나의 참고 자료가 되고 있는 것은 틀림없다.

• 이 시대의 작품에 수록된 유명한 옛이야기들

〈우라시마타로浦島太郎 이야기〉——일본인으로서 이 이야기를 모르는 사람은 없다고 단언해도 좋을 정도로 널리 회자되어 온 옛날이야기 중의 하나이다. 그런 만큼 일본의 문학에 미친 영향도 크고, 또 이야기 그 자체에 관해서도 많은 연구가 되어 있다. 시대에 따라 장르에 따라 지역에 따라 여러 형태의 이야기가 전해지지만, 일반적으로 알려진 우라시마타로 이야기의 줄거리는 대체로 다음과 같다.

> 우라시마타로는 그 은혜를 갚겠다는 용궁 측의 안내로 아름다운 용궁 공주와 재회하고 용왕도 만나 공주와 부부가 된다. 그렇게 약 삼 년간 우라시마타로는 행복에 취해서 지낸다. 그러나 고향이 그리워져서 고향에 가겠다고 하니, 아내가 된 용궁의 공주는 절대로 열어 봐서는 안 된다며 '다마테바코玉手箱'라는 이름의 상자를 선물로 주었다.
>
> 고향에 돌아와 보니 용궁에서의 삼 년은 세상에서의 삼백 년이어서 모든 것이 완전히 변해 있었다. 불안해진 우라시마타로는 공주가 열어서는 안 된다고 당부했던 것도 깜빡 잊고 그만 상자를 열고 만다. 상자를 여는 순간 흰 연기가 나오면서 동시에 그는 백발의 노인이 되고 만다.

이 이야기는 《니혼쇼키》 제14권이라든가 《단고 후도키丹後風土記》 등에 적혀 있던 전설을 모태로 하고 있다.

---

7 《니혼쇼키日本書紀》(720년), 《쇼쿠니혼기続日本紀》(797년), 《니혼코키日本後紀》(840년), 《쇼쿠니혼코키続日本後紀》(869년), 《몬토쿠지쓰로쿠文徳実録》(879년), 《산다이지쓰로쿠三代実録》(901년)로 이어지는 여섯 역사서의 통칭.

《니혼쇼키》에는 주인공이 봉래산에 가서 신선들과 만나는 이야기로 적혀 있다. 또 《단고 후도키》에는 어부였던 주인공이 오색 빛 거북이를 잡았는데 그것이 아리따운 여인으로 변하더니 그를 용궁으로 데리고 가서 부부가 되었다 하고, 상자를 여는 순간 노인이 되어 버린 뒤에는 멀리 떨어진 아내와 노래를 서로 주고받는다는 식으로, 다소 이색적인 내용이 적혀 있다.

이 이야기의 주제는 생명을 구해 준 거북이가 그 은혜를 갚는다는 동물보은담動物報恩談, 금기를 깨면 벌을 받는다는 교훈적 측면, 영화로웠던 한평생이 밥 짓다가 잠시 조는 사이의 꿈이었다는 '한단지몽邯鄲之夢'[8]의 불교적 무상관無常觀에서 영향을 받았다고 할 수 있다.

이 이야기가 그토록 일본인들에게 널리 유포된 이유는, 은혜를 감사히 여기는 마음, 금기를 지키려는 준법정신, 그리고 불교적 무상관 등이 골고루 내포된 재미있는 내용이 그들의 취향과 맞아떨어졌다는 점에 있었던 것이 아닌가 싶다.

〈하늘 바위 문 신화(아마노이와토天岩戸 신화)〉——이 신화는 《고지키》나 《니혼쇼키》 등에 실려 있는 것으로, 대강의 줄거리는 다음과 같다.

> 태양의 여신이자 일본 왕실의 조상신인 아마테라스오미카미天照大神가 남동생 스사노오노미코토素戔鳴命의 난폭한 장난질에 화가 나서 하늘의 암굴 속에 들어가 바위 문을 닫아버렸다. 태양신이 그리되자 온 세상은 칠흑 같은 어둠의 세계가 되어 버렸다.
>
> 이로 인해 광명을 잃은 사람들은 갖가지 종교적 제사를 올리고 뭇 신들도 아마테라스오미카미의 관심을 끌어 밖으로 나오게 하려고 닭을 모아 놓고 울리기도 하고, 거울이나 구슬 등의 보물을 만들어 바치는 등 갖가지 궁리를 짜냈다.
>
> 그중에서도 우즈메노미코토細女命라는 여신은, 사철나무를 가발처럼 머리에 쓰고, 두 손에는 각각 대나무 가지와 창을 들고, 나무통을 엎어서 그 위를

---

8 중국 당대唐代의 소설 《침중기枕中記》(심기제沈既濟 작)에 나오는 이야기.

무대 삼아 쿵쿵 박자에 맞춰 소리 내어 발을 구르며 춤을 추었다. 그러다 점차 흥이 고조되어 도취경에 빠져 광란의 춤을 추다 보니 젖가슴이 다 드러나고, 치마의 끈도 느슨해져 허리 아래 부분까지 치마가 내려가 걸쳐진 듯한 모습이 되었다. 즉, 반나체로 춤추는 꼴이 되었던 것이다. 이 모습을 지켜보던 주위의 수많은 신들이 일제히 박장대소하며 떠들어댔다. 이에 바위 문을 굳게 닫고 토라져 있던 아마테라스오미카미도 바깥이 궁금해져 바위 문을 살짝 열어 내다보았고, 이때를 놓칠 새라 다지카라오노미코토手力男命라는 신이 아마테라스오미카미의 손을 잡아채 바깥으로 끌어냄으로써, 온 세상은 다시 광명을 되찾고 소동은 진정되었다.

이상이 〈하늘 바위 문 신화〉의 개략인데, 이 중에서는 우즈메노미코토라는 여신의 행위에서 연극적 요소를 발견할 수가 있다. 다시 말하면, 암굴에 들어박힌 아마테라스오미카미의 관심을 사려고, 갖가지 치장과 소도구를 들고 도취경의 춤을 추다가, 급기야는 반나체의 모습이 되어 뭇 신들의 박장대소와 아마테라스오미카미의 호기심을 동시에 이끌어내는 일련의 전개 과정에는 연극적인 요소가 다분히 내포되어 있어, 흔히 일본 연극의 원류를 여기서 찾곤 한다.

〈우미사치海幸 · 야마사치山幸 형제 이야기〉──《니혼쇼키》 등에 보이는 신화로, 대강 줄거리는 다음과 같다.

어느 곳에 두 형제가 살고 있었는데, 형인 호노스소리火闌降는 날마다 바다로 낚시를 가서 고기를 잡아 왔고, 동생인 히코호호데미彦火火出見는 활을 들고 산이나 들로 가서 사냥을 했다.

그러던 어느 날 둘은 서로 도구를 바꾸어 써 보기로 했다. 형의 낚시 도구를 들고 바다로 간 동생은 낚싯바늘을 그만 물고기에게 빼앗겨 버렸다. 형은 몹시 화를 냈고, 동생은 수많은 낚싯바늘을 새로 만들어 형에게 건네며 용서를 빌었다. 그러나 형은 용서해 주질 않았고, 물고기에게 빼앗긴 낚싯바늘을 찾아오라고 성화를 부렸다.

동생이 바닷가에서 황당해 하고 있는 차에, 웬 노인이 와서 위로해 주며 바다의 신이 있는 곳으로 인도해 주었다. 거기서 동생은 해신海神의 딸과 사랑에 빠져 결혼을 하게 되었고, 3년간 함께 살았다. 그러던 중 잃어버렸던 낚싯바늘도 찾게 되어 해신의 딸에게 이별을 고하고 원래 살던 곳으로 되돌아오기로 했다. 그러자 해신의 딸은 이별을 아쉬워하며 두 개의 보물 구슬을 주었다. 그 하나는 시오미치노타마潮滿珠라는 구슬로, 높이 치켜들면 바닷물이 밀려오게 되는 보물이었고, 다른 하나는 시오히노타마潮干珠라는 구슬로, 이것을 높이 치켜들면 금세 바닷물이 빠져나가 버리게 되는 능력을 지닌 보물이었다.

동생은 집으로 가서 형에게 낚싯바늘을 되돌려 주었으나, 형의 마음은 여전히 굳게 닫혀 있어 풀릴 줄을 몰랐다. 형이 걸핏하면 못살게 굴므로, 그럴 때마다 시오미치노타마를 높이 들어 올려 바닷물이 주위에 차오르게 하여 스스로를 보호했다. 형이 대군을 이끌고 쳐들어 왔을 적에도 시오미치노타마로 대군을 물리쳤고, 형을 혼내 주려고 물에 모조리 빠뜨리려고 하자, 형도 항복하여 크게 뉘우치게 되었다. 그리하여 그 후로는 동생을 못살게 굴기는커녕, 물에 빠져 허우적거리는 모습을 우스꽝스럽게 연기하는 배우로서 동생에게 봉사하며 충성의 맹세까지도 했다고 한다.

여기서의 마지막 부분에 보이는 형 호노스소리의 행위에서도 앞의 〈하늘 바위문 신화〉와 마찬가지로 연극적인 측면을 엿볼 수가 있다. 그것은 이 신화의 마지막 부분의 "물에 빠져 허우적거리는 모습을 우스꽝스럽게 연기하는 배우로서 동생에게 봉사했다"는 대목에서 찾을 수가 있다. 이 부분과 관련된 《니혼쇼키》 기술을 보면, 형 호노스소리는 적색 흙으로 손이나 얼굴을 칠하고는, 처음에는 밀물이 밀려들어왔다는 뜻으로 발을 구르고, 무릎까지 물이 차올라왔다며 발을 들고 놀라는 시늉을 하고, 허벅지까지 차왔을 때는 이리저리 뛰어다니는 시늉을 하고, 허리까지 찼을 때는 허리를 뒤틀고, 겨드랑이까지 차올라왔다는 뜻으로 두 손을 가슴에 대고 구해 주기를 바란다는 의사표시를 하며, 물이 목까지 차오르면 두 손을 높이 치켜들고 흔들며 구원 요청을 하는 시늉을 해 보이는 등의 일련의 행동에서 연극적 요소를 발견할 수가 있는 것이다. 이와 같은 기술은 비록 그 내용이 사실과 거리가 있는 신화라 할지라도, 이 신화에 일본 연극의 원류적 요소가 내포되어 있음은 부인할 수 없을 것이다.

《후도키風土記》

• 개요

《고지키》가 이루어진 이듬해인 713년에 겐메이元明 천황이 각 지방에 칙명을 내려, 그 지방의 특산물과 지명의 유래 등을 적어서 보고하도록 했다. 이에 응하여 정리되어 바쳐진 것이 《후도키》이다. 현재 남아 있는 것은 이즈모出雲 · 하리마播磨 · 히타치常陸 · 히젠肥前 · 분고豊後의 다섯 지방에서 보고된 《후도키》인데, 지명地名의 유래나 신神들에 관한 전설, 민속에 관한 내용이 풍부하다. 겐메이 천황이 내린 칙명에는 다음 다섯 가지가 요구되어 있었다.

① 군향郡鄕의 이름에 좋은 글자(한자 2자)를 붙이라.
② 군내郡內의 산물의 이름을 적으라.
③ 토지의 비옥한 상태를 적으라.
④ 산천과 들의 이름, 그리고 그 유래를 적으라.
⑤ 예로부터 전해지고 있는 전설이나 설화를 적으라.

위 다섯 가지 조건에 두루 부응해서 적어 올린 것은 《이즈모 후도키出雲風土記》뿐이고, 그 밖의 것은 ④번과 ⑤번에 해당하는 신화 · 전설 종류를 많이 적고 있다. 문체는 거의 한문체이다.

• 의의

각 지방에 전해지고 있던 신화 · 전설 · 설화가 정치적 의도에 구애되지 않고 씌어져 있으므로, 당시 민중들의 신앙 · 생활 · 감정 등이 그대로 반영되어, 일본의 고대 민속 연구에 귀중한 자료가 되고 있다.

《니혼료이키日本霊異記》

• 개요

사가嵯峨 천황 재위 시인 고닌弘仁 연간(810-823년)에 성립되었으며, 정식 명칭은 《니혼코쿠겐포젠아쿠료이키日本国現報善悪霊異記》이다. 야쿠시지薬師寺의 승려 교카이景戒가 편찬한 것으로서, 전 3권으로 구성되어 116편의 설화를 한문체로 담고 있는 설화집이다. 편찬된 시기가 헤이안 시대 초기여서 헤이안 문학에 포함시키기도 하나, 담겨 있는 설화의 대부분이 상대의 것이어서 상대 문학의 범주에 포함시키는 경우도 많다. 일본 고유의 설화 계통과는 별도로, 불교가 일본에 전해진 이후에 불교적 교훈을 위주로 하여 발생된 불교 설화를 모은 것이다. 일본에서 가장 오래된 설화집이며, 각 설화는 거의 연대순으로 실려 있다.

• 내용

주로 지방의 민간설화이며, 현세에서 지은 업의 과보果報를 현세에서 받는다는 현보담現報譚이라든가, 갖가지 기적담奇蹟譚 등 불교 사상에 근거한 설화가 대부분이다. 그러나 여우를 아내로 맞이하여 아이를 낳은 설화 등 불교와는 별 관계가 없고 오히려 일본의 전래 설화인 듯싶은 것도 몇몇 보인다.

• 의의

《곤자쿠 모노가타리슈今昔物語集》 등의 훗날의 설화 문학의 선구적인 작품이며, 고대 일본인들의 생활상을 엿볼 수 있는 자료로서의 의의도 작지 않다.

2)한시문漢詩文

백제 사람 왕인이 일본에 한자를 전한 것은 4세기 말이나, 당시 일본인들에게 한자나 한문은 어려운 것이었음은 말할 나위도 없겠다. 그러나 604년에 쇼토쿠 태자聖徳太子에 의해 제정 공포된 '헌법17조'가 한문으로 되어 있는 것을 보면, 이 무렵에 와서는 한문이 일부 지식인들 사이에서는 실용화되었음을 미루어 헤아릴 수가 있다. 나중에 덴지天智 천황[9] 때에는 한시나 한문이 장려되어 훗날 한문학이 융성하는 토대가 이때 마련되었다 할 수 있겠다.

《가이후소懐風藻》

현재까지 전해지고 있는 것 중 가장 오래된 한시집은 751년 편찬된 《가이후소》이다. 여기에는 오미近江 시대(667-672년)로부터 나라 시대 후기에 이르는 64명의 한시 120수가 작자별 · 연대순으로 배열되어 있다. 대부분 중국 육조六朝의 옛 시를 본뜬 오언시五言詩이며, 의례적인 연회석에 어울릴 만한 작품이 많으나, 그중에는 다음과 같은 서정적인 작품도 눈에 띈다.

金烏臨西舎	해는 기울어 서쪽 옥사 위에 있고,
鼓声催短命	때를 알리는 북소리는 내 짧은 명을 재촉하듯 하네.
泉路無賓主	황천 가는 길은 객도 주인도 없는데,
此夕離家向	이 저녁에 나는 집을 떠나 그 길로 향하려 하네.

(오쓰 황자大津皇子 작)

이 《가이후소》는 훗날 《만요수》 편찬의 직접적 계기가 되었다. 《만요슈》에 뛰어난 작품을 남긴 가인歌人들 중에도, 오토모노 다비토大伴旅人 · 야마노우에노 오쿠라山上憶良 · 오토모노 야카모치大伴家持 등 한시나 한문적 교양을 토대로 한 노래를 남긴 사람들도 있다.

《가쿄효시키歌経標式》

이와 같은 한시 성행의 기운을 타고 중국의 시학詩学을 일본의 고유 노래인 와카

---

9 626-671년. 황태자 시절 '다이카 개신'을 단행한 장본인. 백제를 도와 군사를 파견했으나, 나당연합군에게 대패하였다. 재위 기간은 668-671년이며, 처음으로 호적을 정리한 《고고넨자쿠庚午年籍》를 만든 공적도 있다.

에 적용하려 한 시도가 있었는데, 후지와라노 하마나리藤原浜成의 《가쿄효시키》가 그것이다. 이것은 일본 최초의 가학서歌学書인 셈이다.

3)운문

《만요슈万葉集》

• 개요

집단생활을 기반으로 하던 상대 사람들에게 점차 개인의식이 싹트게 되자, 자기의 감정을 표현한 노래가 대두하게 되고, 5·7조의 운문을 정형으로 하는 와카가 읊어지게 되었다. 또한, 오미近江 시대부터 이루어지기 시작한 한시 제작으로 촉발된 궁정 귀족들의 창작 의욕의 불길이 일본 고유의 운문인 와카에까지 번졌다. 여기에 대륙으로부터 유입된 한문학漢文学의 영향도 가세하여, 《고카슈古歌集》, 《가키노모토노히토마로카슈柿本人麻呂歌集》, 《루이주카린類聚歌林》 등의 가집歌集이 엮어지게 되었다. 이러한 선행 가집의 편찬이 《만요슈》의 성립에 적지 않은 영향을 미쳤다고 여겨지나, 성립에 관한 구체적인 사항을 알 수 있는 자료는 현재 남아 있지 않다. 그저 오랜 세월에 걸쳐 수많은 사람들의 손을 거치며 이루어져, 최종적으로 나라 시대 말기인 8세기 후반에 현재의 형태로 편집되었을 것이라고 추측될 따름이다. 갖가지 정황으로 보아 최종적인 편자로 오토모노 야카모치大伴家持[10]가 유력시되고 있다.

• 내용

전 20권 체재이며, 여기에 수록된 총 가요 수는 약 4,500수 가량이다. 작자는 천황에서 서민에 이르기까지 약 260명을 헤아리며, 분류는 크게 '소몬카相聞歌',[11] '반카挽

10 718?-785년. 오토모노 다비토大伴旅人의 아들. 《만요슈》에 가장 많은 노래를 남긴 사람이며, 특히 전 20권 중의 제17권 이후에 그의 노래를 중심으로 작품이 연월순으로 배열된 것을 보아, 《만요슈》의 편자로서 가장 유력시되고 있다. 엣추越中(지금의 도야마富山현 일대의 옛 지명) 지방의 수령을 지낸 적이 있다.

歌',[12] '조카雑歌'[13]의 세 부류로 나뉘어 연대순으로 배열되어 있다. 실려 있는 노래의 종류로는 가타우타片歌[14] · 단카短歌[15] · 조카長歌[16] · 세도카旋頭歌[17] 등을 들 수 있으며, 표기는 한자의 음音과 훈訓을 섞어 쓴 만요가나가 이용되고 있다. 내용이 상당히 방대하다고 할 수 있는데, 여기에는 노래의 풍이 변천하고 있는 일련의 흐름이 보여, 흔히 이 흐름을 따라 다음과 같이 4기期로 구분한다.

· **제1기** : 소위 만요万葉 가풍歌風의 발생기이며, '진신壬申의 난[18]'(672년)까지의 작품을 제 1기로 구분한다. 와카가 발생한 시기이며, 초기의 작품들이니만치 평명平明

---

11 사적私的인 애정을 표현한 노래들을 가리키며, 애정의 대상이 가족이나 친구인 경우도 있으나, 대부분 남녀간의 애정을 노래하고 있다.

12 상여를 메고 부르는 노래를 가리키며, 세상을 하직하는 노래나 고인을 추모하는 노래 등도 여기에 포함된다.

13 앞의 '소몬相聞', '반카挽歌'의 부류에 들지 않는 갖가지 노래들을 가리키며, 천황의 공적인 행차나 향연 때의 천황에 대한 찬가나 천황의 자작自作 등을 많이 포함하고 있어, 《만요슈》에서는 가장 중시되었던 분류 항목이다.

14 5 · 7에 7음을 더한 것으로 가장 짧은 형식의 노래. 이 형식의 노래는 《고지키》에도 보이는데, 실례를 들면 다음과 같다.

は 愛しけやし	わぎへ 吾家の方よ	くもいた く 雲居起ち来も
아 그리워라	우리 집 향방에서	구름이 피어올라

15 5 · 7의 음수율을 2회 반복하고, 마지막에 7음을 더한 것. 와카의 대표 형식으로 되었다.

16 5 · 7의 음수율을 3회 이상 반복하고, 마지막에는 7음으로 마무리 짓는 것을 정형으로 한 노래.

17 가타 우타의 형태인 5 · 7 · 7을 두 사람이 창화唱和 형식으로 1회씩 주고받던 것이 1인의 노래로 된 것으로, 문답가의 형태인 경우가 많다. '세도카'라는 명칭은 처음 5 · 7 · 7의 형식으로 돌아가서(旋) 같은 형식의 5 · 7 · 7을 다시 읊는다는 뜻으로 붙여졌다는 설이 유력하다.

18 덴지天智 천황이 죽은 후, 왕위 계승 문제를 둘러싸고 일어난 내란. 그 경위는 이렇다. 덴지 천황이 죽자, 동생인 오아마大海人 황자와 아들인 오토모大友 황자가 왕위의 계승을 둘러싸고 대립했다. 결국 미노美濃 · 오와리尾張 · 야마토大和 등의 지방 호족들의 협력을 얻은 오아마 황자측이 오토모 황자를 쓰러뜨리고 이듬해인 673년 덴무天武 천황으로 즉위했다. 동생이 덴지 천황의 다음 대를 이은 셈이다.

하고도 소박한 가풍의 노래가 많다. 주요 작자로서는, 조메이舒明 천황, 누카타노오키미額田王,[19] 아리마노 황자有間皇子 등을 꼽을 수가 있는데, 이 중 누카타노오키미가 단연 뛰어나다.

熟田津(にきたつ)に	니키타쓰로
船乗りせむと	배 타고 떠나려고
月待てば	달 기다리니
潮もかなひぬ	(달은 물론) 조수潮水도 안성맞춤
今はこぎ出でなむ	자 이제 떠나 보세

(누카타노오키미額田王 작)

· **제2기** : 만요万葉 가풍의 확립기. '진신의 난' 이후부터 헤이조쿄平城京 천도(710년) 때까지의 약 40년간을 가리킨다. 이 시기에는 중앙집권적 국가 체제도 확립되어 정치 · 사회적으로 안정되고 번영하였고, 이에 부응하기라도 하듯이 와카도 5 · 7조의 운율 정비를 토대로 한 조카長歌 · 단카短歌 형식이 완성되어 이전보다 한결 서정적 표현이 두드러지게 되었다. 또 이 시기에는 보다 전문성을 띤 궁정가인宮廷歌人[20]의 활약이 두드러져, 갖가지 수사법을 구사한 웅대하고도 장중한 가풍의 작품을 선보였다. 불리는 노래에서 읽히는 예술적 노래로 격상되었으며, '마쿠라코토바枕詞', '조코토바序詞' 등의 기교도 이 시기의 작품에 선을 보였다. 주요 작자로서는 덴무 천황 · 지토 천황 · 가키노모토노 히토마로柿本人麻呂[21] · 다케치노 구로히토高市黒

19 생몰년生没年 미상. 오아마 황자(훗날의 덴무 천황)의 사랑을 받아 딸까지 낳았으나, 나중에 그 형인 덴지 천황의 아내가 되었다. 《만요슈》에 작품이 실린 작자 중 가장 뛰어난 여류 작자로 꼽힌다. 가풍歌風은 강렬한 정열을 토대로 한 힘차고 화려한 것으로 평가받고 있다.

20 천황의 행차나 장송葬送 따위의 공적公的인 의례의 장場에서 사람들의 심정을 대변하는 노래를 읊는 것을 전문으로 한 가인歌人.

21 지토持統 · 몬무文武 두 천황을 섬기며 주로 공적인 궁정 찬가나 반카를 다수 지었다. 조카長歌의 완성자이며, 그의 작품은 마쿠라코토바라든가 조코토바 따위의 수사법을 능숙히 구사하며 웅대하고도 장중한 분위기를 띤 것으로 평가받고 있다.

人[22] 등을 들 수 있으며, 이 중 가키노모토노 히토마로는 이 시기를 대표하는 가인일 뿐 아니라, 《만요슈》 전체를 통틀어서도 오토모노 야카모치大伴家持와 함께 대표적 가인으로서 손꼽힌다.

· **제3기** : 만요 가풍의 완성기. 헤이조쿄 천도(710년) 이후부터 733년까지의 약 20년간을 가리키며, 나라 시대 전기에 해당된다. 사회적으로는 불교 · 유교 · 노장사상 따위의 대륙 문화의 영향으로 당풍 일색의 문화적 배경에서 새로운 귀족 문화가 꽃핀 시기이며, 궁정 주변에는 우아한 귀족적 분위기가 넘쳤다. 노래는 세련되어져 갔으나, 선이 가늘어졌다. 이러한 중에 개성을 갖춘 가인들이 다수 등장하였는데, 야마베노 아카히토山部赤人[23] · 야마노우에노 오쿠라山上憶良[24] · 오토모노 다비토大伴旅人[25] · 다카하시노 무시마로高橋虫麻呂[26] 등이 주요 작자로 손꼽힌다.

· **제4기** : 만요 가풍의 쇠퇴기. 조카長歌는 적어지고 오로지 단카短歌만 읊어졌다. 734년부터 759년까지의 약 25년간을 가리키며, 나라 시대 중기에 해당된다. 이 시기에는 정권 다툼이 심해 귀족 사회의 기반이 송두리째 흔들리기 시작했다. 이와 같은 어지러운 사회상이 작품에 나타나서인지, 이전까지의 남성적인 작풍은 사라지고, 여성적인 섬세함이나 이지적이고 감상感傷적인 작풍이 주조를 이루었다. 대표적인 가인으로는 오토모노 야카모치大伴家持를 꼽을 수가 있다. 그는 엣추越中 지방 수령

---

22 가키노모토노 히토마로柿本人麻呂와 비슷한 시기의 인물로, 여정旅情 띤 서경적 단카에 뛰어났다.

23 서경적 노래에 뛰어난 재능을 보여, '자연가인自然歌人'이라 불린다.

24 견당사로서 당나라에 간 적도 있으며, 한문학에도 조예가 깊었다. 유교적 교양이 남달랐던 모양이어서 《만요슈》의 작자 중 유일한 사상적思想的 인생가인人生歌人으로 평가되며, 아랫사람에게나 가족에 대한 따스한 배려가 그의 작품 속에 두드러지게 배어 있다.

25 오토모노 야카모치의 아버지이며, 야마노우에노 오쿠라와도 친분이 있었다. 단카를 잘 지었으며, 술과 여행의 노래를 많이 읊은 풍류가인風流歌人이다. 기교를 쓰지 않고 정감 넘치는 가풍의 작자로서 평가되고 있다.

26 전설에 나오는 인물이나 사건을 소재로 한 작품을 많이 읊어 '전설가인伝說歌人'이라 불리는 이색적인 가인이다.

으로 부임(746년)한 이후에, 고독한 우수를 담은 섬세하고도 감상적感傷的인 가풍으로 독자적인 경지를 개척했다. 이러한 그의 가풍에서는 헤이안 시대의 귀족 문화적 가풍으로 이어지는 중간자적 성격을 찾을 수가 있다.

春の野に	봄날 들녘에
霞たなびき	봄 안개 드리워져
うら悲し	왠지 서글퍼
この夕かげに	이 저녁 어스름에
鶯なくも	꾀꼬리 울고 있네

(오토모노 야카모치 작)

• 아즈마우타東歌와 사키모리노우타防人歌

《만요슈》에는 일반적인 가인에게서는 보기 어려운 소박하고도 순진한 서민의 마음이 담긴 노래들이 실려 있는데, 그것이 아즈마우타東歌[27]와 사키모리노우타防人歌[28]이다. 아즈마우타는 동쪽 지방에 사는 서민들이 그들의 사랑이나 생활을 노래한 것이며, 사키모리노우타는 규슈九州 지방의 연안 경비대 격인 사키모리防人로 소집된 젊은이 혹은 그 가족들이 이별의 슬픔을 솔직하게 읊은 노래들이다. 오토모노 야카모치가 채집하여 기록했다.

• 만요가나万葉仮名의 발생과 성립

《만요슈》의 표기는 우리의 이두나 향찰에 비견되는 '만요가나'로 되어 있다. 이 '만요가나'의 발생 배경과 그 성립 과정에 관해 간단히 정리하면 다음과 같다.

---

27 《만요슈》 권14에 실려 있으며, 대부분이 입으로 전해진 민요적인 성격을 띤 노래들이다. 동쪽 지방의 방언이 많이 쓰였으며, 농사에 관련된 소재나 다듬어지지 않은 소박한 표현이 특징이라 할 수 있다.

28 《만요슈》 권20에 '사키모리노우타'로 분류되어 실려 있다. 변경(주로 규슈 북부 연안)의 경비를 위해 동쪽 지방으로부터 파견된 병사들과 그 가족들의 노래. '아즈마우타'와 마찬가지로 동쪽 지방의 방언이 많이 사용되어 있으며, 가족과 이별하는 슬픔을 애절하게 읊고 있다.

처음 일본에 한자가 전래되었을 무렵의 일본인들에게 한자와 한문은 생소하기 그지없는 외국 문자 내지는 외국 글이었으나, 달리 표기할 문자를 갖고 있지 않던 일본인들에게 한자는 유일한 표현 수단이었다. 그렇다고 순수 한문으로는 일본 고유의 언어를 표기할 수는 없었으므로, 신라 시대에 쓰였던 이두나 향찰과 같은 방식으로 한자의 음과 뜻을 따서 그들 고유의 언어를 표기하려는 움직임이 일었다. 다시 말하면, 고유의 일본어 표기를 위해 한자 본연의 해석상 의미와는 별도로, 한자의 음과 뜻을 이용한 언어 표기의 움직임이 일기 시작했던 것이다.

그 태동의 흔적은 쇼토쿠 태자가 섭정攝政으로 활약하던 스이코 천황 때의 금석문 등의 유문遺文에서 찾을 수가 있다. 또 우리의 고대사 연구에 중요한 사료를 담고 있는 〈동이전東夷伝〉을 수록하고 있는 《위지魏志》의 〈왜인전倭人伝〉에도 그 흔적이 보인다.

여기에 보이는 일본어의 음 표기에 사용된 한자의 7할 가량이 나라 시대의 가나仮名 자모字母와 일치한다. 또한 《니혼쇼키》에 보이는 옛 우리말 고유명사 표기에는 나라 시대의 상용常用 가나 140가지의 6할 이상이 포함되어 있다. 따라서 만요가나의 성립에는 중국이나 옛 한반도 표기 방식의 영향이 컸다고 보인다. 신라 때부터 우리말 표기나 향가에 사용되었던 이두나 향찰과 그 표기 방식이 너무나 흡사해, 중국보다는 우리 쪽으로부터의 영향이 컸을 것으로 짐작되기도 한다. 실제로 스이코 천황 때의 금석문 등에는 우리 민족이 개입한 것으로 추측되는 가나 표기가 많이 발견된다.

이상과 같은 점을 토대로 생각해 볼 때, 우리의 이두나 향찰의 모방이라 해도 좋으리라 싶을 만큼 유사한 점이 많은 일본의 만요가나는, 옛 한반도의 언어 체계의 그늘 안에서 그 태동의 자리를 잡아 갔다고 해도 과언이 아닐 듯싶다. 이 만요가나의 흐름을 이어받아 오늘날 일본인들이 쓰고 있는 가나 문자가 발생한 것은 9세기 무렵의 일이라 추정된다.

상대 문학 관련 주요 용어 해설

고토다마言靈 **신앙**……말에 사람의 길흉화복을 좌우하는 영적인 힘이 있다고 믿었던 원시 종교의 하나이다. 고대의 일본인들은 사람들이 쓰고 있는 말에 영靈이 깃들여 있어서 그 힘에 사람들이나 사회가 지배를 받고 있다고 믿었는데, 이러한 믿음을 가리키는 말이다. 이 영력을 가진 말은 일상생활에서 사적으로 쓰는 말과는 구분되어, 주술 신앙에 입각해서 행해지는 제사 등의 공적인 장場에서 쓰이는 말이다. 따라서 그 표현이나 운율에 장중함이 어려 있다.

《만요슈》에도 당시의 일본국명인 야마토를 가리켜 '고토다마의 힘으로 행운이 깃들이는 나라'라고 표현한 글이 보여, 당시 사람들은 이 고토다마의 작용으로 나라가 번영한다고 믿고 있었음을 알 수가 있다.

이러한 신앙은 신에게 바치는 말인 '노리토祝詞'나 '슈겐祝言'의 형태로 나타났고, 오늘날까지도 흉사凶事를 피하기 위해 사용하기를 꺼리는 금기어禁忌語의 형태로 존속되고 있다. 또한 일본인들의 전통 정형시인 와카에도 이 신앙은 내재되어 있어 현대 일본인들의 사고방식과 밀접한 관계를 유지하고 있다고 할 수 있다.

노리토祝詞……사람이 신에게 뭔가를 빌 때 사용된 고대의 독특한 언어. 신화나 전설과 함께 일본 고대인들의 사고방식을 엿볼 수 있는 가장 좋은 자료를 노리토는 제공해 주고 있다. 고대 일본인들의 고토다마 신앙을 토대로 한 종교 문학이라 할 수 있다. 현존 최고最古의 노리토는, 《엔기시키延喜式》에 실려 있는 27편과 《다이키台記》에 실려 있는 1편으로, 모두 헤이안 시대 이전의 작품들이다.

센묘宣命……천황이 내리는 명령을 한문이 아닌 일본국문으로 적은 것. 한문으로 내리는 천황의 명령은 '쇼초쿠詔勅'라 부른다. 현재까지 전해지는 것으로는 《쇼쿠니혼기續日本紀》의 62편으로, 몬무 천황의 즉위와 관련된 센묘로부터 시작되어, 간무 천황의 센묘로 끝나고 있다. 왕실이나 국가의 중대사가 있을 시에 주로 내려졌다.

음양도陰陽道……고대 중국으로부터 들어온 사상의 하나로, 음양오행설에 근거하여 천문이나 역수暦数를 관장하여 길흉을 점치는 것을 목적으로 하는 일종의 학문을 말한다.

마코토まこと……만요 가풍을 중심으로 한 고대 일본의 문학정신을 일컫는 말이다. 마음을 꾸미지 않고 솔직히 표현하려 한 데서 파악되는 정신으로, 《만요슈》뿐만 아니라 널리 일본 문학의 밑바탕에 흐르는 문학이념이라고 할 수 있다.

II ………………… 중中고古 문학

1. 개관

시대구분

간무桓武 천황 재위 시인 794년에 지금의 교토京都에 해당하는 헤이안쿄平安京로 수도를 옮긴 때로부터, 1192년 미나모토노 요리토모源頼朝가 가마쿠라鎌倉에 막부를 개설해 무인정권 시대를 열기 직전까지의 약 400년간 이루어진 문학을 중고中古 문학 혹은 헤이안 문학이라 부른다.

정치적 배경

이전 시대인 나라奈良 시대에 확립되었던 율령정치律令政治의 기틀은 8세기 중엽경에 세력이 비대해진 귀족들과 사원寺院으로 인해 흔들리기 시작했다. 귀족들과 사원은 사유지를 늘려, 위정자에게 적지 않은 정치적 부담감을 안겼다. 갈수록 커져만 가는 그들 세력에 위기감을 느낀 조정朝廷은, 나라에 위치하고 있던 사원들의 세력권으로부터 멀리 벗어날 필요성을 절감하고 있었다. 그래서 794년에 천도를 단행하여 도읍지를 헤이조平城에서 헤이안으로 옮긴 것이다.

새로운 수도로 옮긴 조정은 율령정치의 보강을 위해, 율령정치의 모델인 당나라의 문물을 수입하려고 애썼다. 그 결과 9세기쯤에는 당나라의 문화가 본격적으로 유입되기 시작했다.

그러나 나라 사원들의 세력권으로부터 멀어진 것이 도리어 귀족들로서는 커다란 견제 세력이 없어진 형국이 되었다. 그중에서도 특히 후지와라藤原 씨 일족은 사적인 장원을 넓혀가는 등 더욱 세력을 키워갔다. 그들은 다른 씨족들을 배척하고, 천황 집안과 외척관계를 맺는 수법으로 강력한 정치적 영향력을 다져갔다.

이렇게 하여 귀족 사회의 주도권을 쥐게 된 후지와라 씨 일족은 이번에는 같은 성씨 내에서의 경쟁 체제로 돌입했다. 당시 귀족으로서 오를 수 있는 최고의 지위는 섭정摂政과 관백関白이었는데, 극히 한정된 이 권력의 정점에 서로 앞 다투어 오르기 위해 치열한 경쟁을 벌였던 것이다. 9세기 중엽에는 후지와라노 요시후사藤原良房가 신하로서는 처음으로 섭정이 되고, 얼마 안 가 그의 양자인 후지와라노 모토쓰네藤原基経가 관백의 지위에 오름으로써, 후지와라 씨에 의한 이른바 섭관 정치摂関政治[1]가 시작되었다.

섭정과 관백의 지위에는 천황의 외조부나 외숙부가 오르는 것이어서,

---

1 섭정 또는 관백이 주도해서 행하는 정치 형태. 특히 헤이안 중기에 종래의 율령정치가 변질되어, 후지와라 씨 일족이 천황의 외척이 되어 섭정과 관백의 지위를 독차지하며 정권을 장악했던 정치 형태를 가리키는 말이다. 11세기 전반 무렵의 후지와라노 미치나가道長 때가 전성기였으며, 1086년에 시라카와白河 상황上皇에 의한 인세이院政가 시작되면서 쇠퇴했다.

후지와라 씨 일족은 딸을 천황의 후궁으로 넣기 위해 혈안이 되었다. 후궁으로 간택받기 위해서는 자녀의 교양적 수준이 중시되었던 만치 그들은 자녀교육에 전력을 기울였다. 자녀 교육을 위한 가정교사로 재능 있는 여성을 찾게 되었고, 이에 발탁된 여성은 당시 자타가 공인하는 최고의 엘리트 여성들이었다. 후궁을 모시는 이들 나인内人들을 가리켜 뇨보女房라 불렀으며, 이들에 의한 문학 활동이 활발히 이루어졌다. 이들 뇨보들에 의해 유명한《겐지 모노가타리源氏物語》,《마쿠라노소시枕草子》 등의 명작들이 잇달아 나와, 이른바 '뇨보 문학'이 꽃을 피우게 되었던 것이다.

섭정과 관백들의 힘은 갈수록 강해져서 10세기 후반에는 후지와라 씨의 섭관 정치의 지배체제가 확립되고, 후지와라노 미치나가藤原道長를 정점으로 한 독재정치가 행해졌다.

한편 중앙에서 뜻을 펼 수가 없었던 비주류 귀족들은 지방에 정착해서 세력을 키웠는데, 간무桓武 천황의 후손인 다이라平 씨와 세이와清和 천황의 후손인 미나모토源 씨 일족이 그 대표적 세력이었다. 이 두 성씨는 인세이院政[2]와의 유대관계를 토대로 실력을 키우며 호시탐탐 중앙 진출의 기회를

---

2 천황의 지위에서 물러난 상황上皇이나 법황法皇(불교에 귀의한 상황)이 그 거처인 인院에서 행했던 정치 형태. 인이라는 것은 상황의 호칭으로도 쓰였다. 시라카와인白河院이 1086년에 나이 어린 호리카와堀河 천황에게 왕위를 물려주고 인세이을 시작했던 것이 시초이다. 이 인세이는 이후 도바鳥羽 · 고시라카와後白河까지 3대에 걸쳐 이어져, 그 기간을 '인세이키院政期'라 부른다. 인의 명령을 담은 공문서를 '인젠院宣'이라 하였으며, 이는 천황의 칙명을 담은 '조칙詔勅'보다 더 비중 있게 다뤄졌다. 그러나 이 인세이 체제는 귀족들을 천황 측과 인院 측으로 분열시키는 부작용을 초래했으며, 인 측은 정정政情의 불안에 대비하기 위해 무사를 등용하기 시작했다. 이것은 결국 무사계급의 중앙 진출에 직접적인 빌미를 제공한 것이 되고, 이것이 화근이 되어 급기야 400년간 이어졌던 헤이안 귀족 문화는 종막으로 치닫게 된다.

노렸는데, 중고 말기의 양대 내란[3]을 계기로 두 집안의 운명은 엇갈렸다. 양대 내란의 진압에 공을 세운 다이라노 기요모리平清盛가 급격히 부상했고, 두 번째 내란에 주모자급으로 참여했던 미나모토 씨 일가는 내란 진압과 동시에 침몰했다. 기요모리清盛를 총수로 한 헤이케平家의 천하는 약 20년간 이어졌다.

그러나 이 헤이케의 세상은 그리 오래 가지는 않았다. 권력의 정점에 오른 다이라노 기요모리는 전횡을 일삼아 고시라카와인後白河院을 중심으로 한 조정의 반감을 심하게 샀다. 그리고 끝내는 가마쿠라에 거점을 두고 힘을 키워 온 미나모토노 요리토모源頼朝를 필두로 한 미나모토 씨 일족에 의해 헤이케는 멸망하였고, 이로써 귀족 문화가 꽃피었던 헤이안 시대는 막을 내렸다.

사회적 배경

중앙의 상류 귀족 계급들이 서로 권력 다툼을 벌이는 와중에, 지방장관인 즈료受領나 하급관리 등의 중・하류 귀족 계급들은 늘 불안 속에서 부침浮沈을 거듭해야만 했다. 이러한 사회적 불안은 감수성과 문학적 소양을 아울러 갖춘 사람들을 문학의 세계로 내몰아 그 세계에 더욱 침잠하게 했다. 이 시기에 이루어진 모노가타리物語・기행・일기・수필 등의 산문 문학은 이와 같은 세태가 창출해 낸 산물이라 해도 과언이 아니다.

또 당시 여성들은 정신적으로도 경제적으로도 불안정한 상태에 빠지는

3 '호겐保元의 난'과 '헤이지平治의 난'을 가리키며, 이에 관해서는 'III. 중세 문학'에서 상세히 설명할 것이다.

경우가 많았다. 그 요인 중 대표적인 것으로는, 당시 일반적이었던 일부다처제一夫多妻制라는 사회제도를 들 수 있다. 이 제도는 남편이 아내들에게 관심과 애정을 쏟는 정도가 다름으로 인해 아내들을 질투의 화신으로 만들었다. 이러한 세태 속에서 심화되었던 여성들의 고뇌는 그대로 문학성의 깊이로 이어져, 여류 문학의 토양을 비옥하게 만든 좋은 밑거름이 되었다. 여류 일기 문학의 선구인 《가게로 닛키蜻蛉日記》도 그러한 시대상을 반영하는 작품으로, 일부다처제의 혼인 형태가 초래한 가정생활의 파탄을 상세히 그리고 있으며, 고뇌하는 여성의 심리가 예리하게 묘사되어 있다.

문화적 배경

수도를 헤이안으로 옮긴 이후 약 100년간은 당이나 발해와의 교류가 빈번하여 대륙 문화가 활발히 유입되었으며, 당풍唐風이 유행하여 궁중의 전례典礼나 풍습들은 당제일색唐制一色으로 바뀌어졌다.

종교적으로는 천태종天台宗·진언종真言宗이 설파하는 무상관無常観이나 숙명관宿命観이 민중의 인생관에 커다란 영향을 미쳤다. 또한 헤이안 초기에 발생한 가나仮名 문자는 점차 나라의 문자로서 자리 잡아 갔으며, 문학 작품의 창출에 일대 혁신을 가져오게 되었다.

풍토적 배경

헤이안쿄는 이전 시대의 수도 헤이조쿄에 비해 지형적으로 변화무쌍하다. 따라서 여기에는 산자수명山紫水明의 명승지가 많았다. 그리고 사계의 변화에 따른 자연의 정취는 감수성이 예민한 사람들로 하여금 시정詩情을 자아내기에 부족함이 없었다.

히가시야마東山 · 기타야마北山 · 니시야마西山 등의 완만한 경사의 산이 삼면을 둘러싸고, 왕성을 에워싼 수많은 사찰들은 '왕성진호王城鎮護'의 기치를 표방하며 종교적으로 수도를 방호하는 형국을 이루었다. 동 · 북 · 서쪽은 산으로 둘러싸여 있고 남쪽은 열려 있는 지세地勢에다 동서로 물이 흐르는 분지라는 지리적 조건을 갖춘 헤이안은, 흔히 풍수지리에서 말하는 좌청룡左青竜 · 우백호右白虎 · 남주작南朱雀 · 북현무北玄武의 네 신神에 상응하는 조건을 두루 갖춘 곳이기도 했다.

이와 같이 자연과 종교의 조화로운 뒷받침은, 왕도王都의 귀족 문화가 찬란한 문화적 꽃을 안정적으로 피우는 데에 적지 않은 기여를 했다고 볼 수가 있다. 또한, 귀족들의 주택인 '신덴즈쿠리寝殿造'라는 양식의 광대한 저택은 시가詩歌나 관현 등의 풍류를 즐기기에 적합한 곳으로, 이는 헤이안 문학의 귀족적이고도 정취 어린 문학적 경향을 발전시킨 하나의 중요한 배경이 되었다.

헤이안 문학의 특징

이 시대의 문학은 계급적으로는 귀족에게 점유된 문학이었으며, 지역적으로는 도시에서 일어난 문학이었다. 헤이안 초기에 당풍唐風 문화의 영향으로 융성했던 한시에 눌려서 잠시 쇠퇴했던 와카는, 가나 문자의 보급에 힘입어 다시 활기를 띠기 시작했고, 궁중 나인이었던 뇨보들에 의해 수많은 명작이 나와서 이른바 '뇨보 문학女房文学'이 성립되었다.

미의식에서는 불안한 시대상이 반영된 불교적인 운명관(무상관 · 숙명

관)으로 인해, 감상적感傷的이고 탐미적인 뉘앙스의 '아와레あはれ'라는 미의식이 깊어지고, 이것이 이 시대 문학의 밑바탕에 흐르는 기조가 되었다.

2. 중고 문학의 전개

이 시대의 문학은 흔히 다음과 같이 전·중·후기의 세 시기로 나누어진다.

전기前期

헤이안 천도(794년) 때로부터 10세기 중엽까지를 전기로 구분한다. 정치적으로는 이 시기를 이른바 '율령제도 중흥기'로 지칭한다. 문화적으로는 대륙 문화의 영향을 받아, 일찍이 없었던 한문학 융성기를 맞이하여, 천황의 칙명으로 편찬된 세 한문집들인 《료운신슈凌雲新集》, 《분카슈레이슈文華秀麗集》, 《게이코쿠슈経国集》 등이 편찬되었다. 또한 여태까지 당나라에 파견하던 견당사遣唐使라는 사신제도가 폐지되고부터는, 당풍 문화 등의 외래 문화를 대신하여 일본 고유의 문화가 다시 융성하기 시작했다. 어려운 한문 대신에 가나 문자가 보급되어 널리 쓰이게 되면서, 와카나 그 밖의 각종 가요인 가구라우타神楽歌·사이바라催馬楽, 그리고 산문 등의 형태로 일본의 고유어에 의한 문학 표현 활동이 활발해졌다.

◆ 운문

《만요슈》 이래 쇠퇴 기미를 보였던 와카는 9세기 후반부터 궁중 사회에서 다시 부활했다. 특히 대표적 가인歌人 6명이 활약했던 소위 '롯카센六歌仙

시대'를 맞이함과 동시에, 최초의 칙찬와카집勅撰和歌集인 《고킨와카슈古今和歌集》가 편찬되었다. 또한 이 무렵부터 여러 사람이 좌우 양편으로 편을 갈라 와카 짓기 경합을 벌였던 '우타아와세歌合'라는 문학향연 형태가 귀족들을 중심으로 유행하기 시작했다.

• 산문

사람들의 문학에 대한 의식 수준이 높아지고, 게다가 한자에 비해 상대적으로 쉬운 가나 문자를 사용함에 따라, 산문 문학의 창작도 활발히 이루어졌다. 이때 나온 대표적 산문 작품으로는, 기이한 이야기를 담은 '덴키 모노가타리伝奇物語' 부류를 대표하는 《다케토리 모노가타리竹取物語》, 와카를 중심으로 하여 엮인 '우타 모노가타리歌物語'의 대표 격인 《이세 모노가타리伊勢物語》, 일기 문학의 효시인 《도사 닛키土佐日記》 등을 들 수 있다.

중기中期

흔히 '후지와라 씨藤原氏 전성시대'라고도 일컬어진다. 10세기부터 11세기에 걸쳐 섭관 정치의 융성기를 배경으로 한 궁중 여류, 즉 섭관가摂関家나 궁궐의 일에 종사하는 뇨보들의 활동에 의해 일본 문학사상의 최고의 황금기를 이루었다.

이 시대를 대표하는 작품으로서는, 모노가타리 문학에 무라사키시키부紫式部의 《겐지 모노가타리源氏物語》, 수필 문학에 세이쇼나곤清少納言의 《마쿠라노소시》, 일기 문학에 《이즈미시키부 닛키和泉式部日記》, 《무라사키시키부 닛키紫式部日記》, 《사라시나 닛키更級日記》 등을 들 수 있다. 이와 같이, 이 시기의 문학의 중심은 이미 산문 문학으로 옮아갔으며, 운문인 와카는 상대적으로 침체 기미를 보였다. 한편 한시나 와카에 곡을 붙여 읊던 '로에이朗詠'도 이 시기에 유행하여 《와칸로에이슈和漢朗詠集》가 편찬되었다.

후기後期

흔히 '인세이키院政期'라 일컬어진다. 천황 지위에서 물러난 '인院'이 통치하는 '인세이院政'는 서기 1086년 시라카와白河 상황에 의해 시작되어, 도바鳥羽・고시라카와後白河의 3대에 걸쳐 중고 시대가 끝날 때까지 이어졌다. 이 시기에 와서는 이전에 보였던 뇨보 등의 여류 작가들의 활약상은 거의 찾아볼 수가 없게 되었다.

와카에는 《고슈이슈後拾遺集》, 《긴요슈金葉集》, 《시카슈詞花集》, 《센자이슈千載集》 등 일련의 칙찬와카집이 편찬되었다.

가요는 이전 시대의 고풍스런 '로에이'에 대비되는 개념으로 당시의 유행가라는 뜻으로 읊어진 '이마요今様'라든가, 불경의 게偈를 일본어로 쉽게 풀어쓴 '와산和讃'이 행해져서 이들을 모은 《료진히쇼梁塵秘抄》가 성립되었다.

모노가카리 문학으로서는 《겐지 모노가타리》의 모방이 주종을 이루었으며, 《쓰쓰미추나곤 모노가타리堤中納言物語》 정도가 그 아류의 범주에서 탈피하여 참신함을 보여 줄 뿐이다. 그러나 과거의 시대상을 반영하여 역사를 토대로 한 이야기라는 뜻의 '레키시 모노가타리歴史物語'라는 새로운 장르가 발생하여 《오카가미大鏡》 등의 작품이 이루어졌다. 또한, 민중의 생활에서 취재한 설화說話 문학 작품집인 《곤자쿠 모노가타리슈今昔物語集》가 성립되었다.

3. 장르별 주요 작품

1)한시문漢詩文

한시문이 와카 등의 일본 전통 운문 문학을 압도하기 시작한 것은 이미 이전 시대인 나라 시대 후기부터였다. 이 시기부터 후지와라 씨를 중심으로 한 귀족들 사이에서 공적 문학으로 한시문이 활발히 지어져, 와카는 사적인 장에서 지어지는 것으로 밀려났던 것이다.

그러던 것이 시대가 바뀌어 헤이안 초기에 이르자, 대륙으로부터 들어온 당풍 문화를 섭취하려는 정책이 적극적으로 펼쳐졌다. 당시 당나라의 문학은 이백李白·두보杜甫·한유韓愈·유종원柳宗元 등이 활약하여 최전성기를 누리고 있던 시기여서, 영향이 그만큼 클 수밖에 없었다.

교토 천도를 주도한 간무桓武 천황의 대를 이은 헤이제이平城·사가嵯峨·준나淳和 세 천황은 유달리 한시를 좋아하여, 이들의 장려로 한시문 저작이 더욱 활발히 이루어졌다. 그중에서도 특히 한시가 활발했던 시기는 사가 천황 때였으며, 일본 최초의 칙찬勅撰 한시집漢詩集인 《료운슈凌雲集》[4]가 이때 나왔다.

이 시기에 이루어진 대표적 한시집들을 간단히 정리하면 다음과 같다.

---

4 《료운신슈凌雲新集》라고도 하며, 사가嵯峨 천황의 칙명으로 오노노 미네모리小野岑守 등이 편찬하여 814년에 이루어졌다.

칙찬한시집勅撰漢詩集

소위 '칙찬삼집勅撰三集'으로 일컬어지는 《료운슈》, 《분카슈레이슈文華秀麗集》,[5] 《게이코쿠슈経国集》[6] 등이 이에 속한다.

개인의 한시한문집漢詩漢文集

천황의 칙명에 의한 공적 편집이 아닌 개인 한시집으로는 다음과 같은 작품들이 유명하다.

《**쇼료슈**性霊集》

승려 구카이空海의 한시집.

《**분쿄히후론**文鏡秘府論》

승려 구카이空海의 시론집詩論集으로, 819년경에 성립되었다. 시문詩文의 창작에 관한 중요한 규칙을 논한 것으로, 시문 및 후세의 운문 이론에 미친 영향이 크다.

《**간케분소**菅家文草》

900년경에 이루어진 스가와라노 미치자네菅原道真의 한시집. 오언시五言詩・칠언시七言詩가 주종을 이루고 있다.

《**간케코슈**菅家後集》

스가와라노 미치자네의 시집이며, 칠언시가 많이 수록되어 있다.

《**혼초몬즈이**本朝文粋》

후지와라 아키히라藤原明衡가 편찬했으며, 사가 천황으로부터 고이치조後一条 천황 때까지의 한시들을 모은 한시집.

---

5 사가嵯峨 천황의 칙명으로 후지와라노 후유쓰구藤原冬嗣 등이 편찬하여 818년에 이루어졌다.

6 준나淳和 천황의 칙명으로 요시미네노 야스요良岑安世 등이 편찬하여 827년에 이루어졌다.

2)운문

▌와카和歌▌

헤이안 초기에 한문학에 밀려 잠시 움츠러들었던 와카는, 한자 문화를 장려하던 율령체제가 붕괴하고 한자 대신에 가나 문자가 발생하여 활발히 쓰이게 되자 다시 활기를 띠기 시작했다. 특히 아리와라노 나리히라在原業平・오노노 고마치小野小町 등의 대표 가인 6명이 활약한 소위 '롯카센六歌仙 시대'를 맞이함으로써 와카 세계는 전성기를 맞이했으며, 궁정이나 귀족의 저택에서 행해졌던 '우타아와세歌合'[7]의 유행으로 헤이안 시대의 와카 문학은 대성황을 누리게 되었다. 이와 같은 유행의 기운을 타고 창작의욕은 한층 고조되어, 905년에는 다이고醍醐 천황의 칙명에 의한 최초의 칙찬 와카집인 《고킨와카슈古今和歌集》가 나오기에 이르렀다.

와카에 관하여

일본이라는 국명 이외의 또 다른 호칭인 '와和'를 써서, 한시漢詩에 대한 일본 고유의 노래라는 뜻으로 이렇게 불렸다. 기본 음수율은 5・7・5・7・7(총 31음)인 일본 고유의 대표적 정형시이다. 헤이안 시대부터 천황의 칙명으로 와카를 모은 칙찬집勅撰集이 엮어졌으며, 그 최초의 칙찬집이 《고킨슈》이다.

이 《고킨슈》의 가나 서문은 다음과 같이 시작된다.

---

7 헤이안 초기에 발생하여 헤이안 말기부터 가마쿠라 초기에 걸쳐 특히 성행했던 것으로, 가인歌人을 좌우 양편으로 편 가르기를 하여, 양측에서 한 수씩 읊은 것을 비교하여 승패의 판정을 받는 식의 경합을 벌였던 일종의 문학유희의 한 형태이다. 그 경합의 심판 역을 맡은 사람을 '판자判者'라 불렀는데, 이 판자로서는 대개 당대의 권위자가 초빙되었다.

和歌は, 人の心を種として, 万の言の葉とぞなれりける.

'와카'라는 것은, 사람의 마음을 씨種로 하여, 갖가지 말의 표현으로 된 것이다.

이것은 와카의 의미를 잘 설명한 대표적인 고전적 문구로서 너무도 유명하다. 즉 사람들의 마음에서 우러나오는 감흥이 말로 표현되어 이루어진 것이 와카라는 것이다.

위 문구에 이어 이 서문에는 "사람의 굳은 마음을 부드럽게 하고 심지어는 초자연적 존재의 마음까지도 움직이는 커다란 힘이 와카和歌에 있다"라는 내용도 적혀 있다. 실제로 옛 일본인들은 이와 같은 힘이 와카에 있다고 믿었던 듯하며, 남녀간의 연애 감정을 서로에게 전하는 유력한 수단으로도 쓰였다. 그래서 그들은 이성에 대한 프러포즈를 와카를 통하여 하였으며, 자신이 받은 와카를 통하여 상대방의 지적 수준이나 교양, 나아가서는 성격 등을 간접적으로 가늠할 수 있었다고 한다.

이 와카는 그 원류는 고대 가요에서 찾을 수 있으며, 고대 가요의 형태에서 분화하여 하나의 독립된 문학 장르로 성립되었다. 그 후 얼마 안 가 모태인 가요를 압도하였으며, 고대 일본인들의 유력한 감정 표출 수단의 하나가 되었다. 이렇게 읊어진 고대 일본인들의 노래가 집대성된 것이 바로 《만요슈》인 것이다.

와카는 그 발생적 모태인 가요와 마찬가지로, 사람의 갖가지 감정을 시적으로 표현한 것이므로, 초창기 때부터 연애라든가 제사, 그리고 그 밖의 여러 가지 경사스런 일 등 사람들의 일상생활과 밀접히 연계되어 발달해 왔다. 특히 연애나 애상가哀傷歌 등을 통하여 인간의 가장 자연스럽고도 순수한 측면이 표출된 감정적 측면을 '아와레あはれ'라는 미의식으로 파악해 일본

문학 성립의 본원적本源的 부분으로 간주되고 있다.

와카는 부침浮沈의 역사를 겪기도 하고, 또 렌가連歌・하이쿠俳句・교카狂歌 등의 다른 운문 형태로 파생되기도 했으나, 일본 운문 세계의 근간으로서의 위치는 늘 흔들림 없이 지켜왔다 하겠다.

칙찬집勅撰集과 사찬집私撰集

천황의 칙명에 의해 공적으로 편찬된 와카집을 '칙찬와카집'(흔히 '칙찬집勅撰集'이라 줄여 부름)이라 하며, 그와 반대로 개인이 많은 사람들의 노래를 모아 편찬한 것을 '사찬집私撰集'이라 부른다. 이 중 문학사적으로 중시되는 것은 칙찬집 쪽이며, 그 효시는 《고킨와카슈古今和歌集》(흔히 '고킨슈古今集'라 줄여 부름)이다. 중고 시대에는 이 《고킨슈》를 모델로 한 칙찬집이 잇달아 나오게 되는데, 이 시리즈들을 가리켜 '산다이슈三代集'・'하치다이슈八代集' 등으로 부른다.

《고킨와카슈古今和歌集》

전체 20권으로 된 최초의 칙찬집이다. 905년 다이고醍醐 천황의 칙명으로 기노 쓰라유키紀貫之・기노 도모노리紀友則・오시코치노 미쓰네凡河内躬恒・미부노 다다미네壬生忠岑 등이 편찬에 착수한 끝에 914년경에 완성된 것으로 보인다.

・내용

작자 120여 명에 의한 총 1,100수 가량의 와카로 구성되었다. 서문序文은 '가나조仮名序'(기노 쓰라유키紀貫之가 가나로 쓴 서문)와 '마나조真名序'(기노 요시모치紀淑望가 한문으로 쓴 서문)로 이루어졌으며, 춘春・하夏・추秋・동冬 4계절 부류 외에 하賀・이별離別・기려羈旅[8]・물명物名・연恋・애상哀傷・잡雑 등의 갖가지 '부다테部立'[9]로 작품들을 나누어 싣고 있다.

• **시기별 분류**

①'요미비토시라즈読人しらず(작자 미상)'의 시대 : 《고킨슈》에 실려 있는 작품 중 약 4할 정도가 작자 미상의 것들인데, 대개 구전口伝의 형태로 전해지던 작품들이었다. 이들은 《만요슈》 이후부터 《고킨슈》 시대로 들어오기까지의 과도기적 작풍作風을 보이는데, 소박하고 민요적인 데가 있으며 만요 후기의 가풍歌風과 비슷한 데가 있다.

②'롯카센六歌仙'의 시대 : '가선歌仙'이란 말은 와카를 잘 지어 선인仙人의 경지에 오른 명인을 지칭했던 말인데, 특히 그중에서도 시대를 대표하는 여섯 명인을 '롯카센六歌仙'[10]이라 불렀다. 이들에 의한 7 · 5조調 주축의 와카가 이 시기의 작품들이며, 기교적인 데가 보이기 시작했으나, 아직 직선적인 가풍이 주종을 이룬다.

③'찬자撰者'의 시대 : 편찬자들이 활약한 시대로, 섬세하고도 감각적인 《고킨슈》 가풍이 완성된 시기이다. 귀족 문화 시대답게 말에 의한 우미優美하고도 전아한 표현 세계를 수립했다고 일컬어진다. 7 · 5조의 와카가 중심이며, 기노 쓰라유키紀貫之 · 기노 도모노리紀友則 · 오시코치노 미쓰네凡河内躬恒 등이 대표적 작자들이다. 관념적 · 정서적인 태도를 보이고 있으며, 표현에 있어서는 우미優美와 이지理智를 존중하고 있음이 엿보인다.

• **평가**

최초의 칙찬와카집이다. 이 이후에 나온 일련의 칙찬와카집들을 '산다이슈三代集' 혹은 '하치다이슈八代集' 등으로 부르는데, 이 《고킨슈》는 그 선구이다. 또한, 편찬 양식이 그 다음에 잇달아 나온 가집歌集들의 기준이 되었다. 그리고 그 가풍은 한동안 후세 가인들의 중요 규범이 되었다.

---

8 '여행'을 의미한다.

9 와카의 내용을 부류나 부문으로 나누는 기준 항목.

10 아리와라노 나리히라在原業平 · 오노노 고마치小野小町 · 소조 헨조僧正遍昭 · 훈야노 야스히데文屋康秀 · 오토모노 구로누시大伴黒主 · 기센법사喜撰法師 등의 여섯 가인이 이에 들었다.

《고킨슈》 이후의 일련의 와카집(괄호 속은 성립 연도)

· 산다이슈三代集 : 고킨슈古今集(914), 고센슈後撰集(미상), 슈이슈拾遺集(1005-1006경)
· 하치다이슈八代集 : 고킨슈古今集, 고센슈後撰集, 슈이슈拾遺集, 고슈이슈後拾遺集(1086), 긴요슈金葉集(1127), 시카슈詞花集(1151-1154), 센자이슈千載集(1187), 신코킨슈新古今集(1205)

《산다이슈三代集》

최초의 칙찬와카집인 《고킨슈》를 시작으로, 두 번째인 《고센슈後撰集》, 세 번째인 《슈이슈拾遺集》 등이 잇달아 편찬되었는데, 이들을 가리켜 '산다이슈三代集'라 부른다.

《고센슈》에는 편찬자의 와카는 한 수도 없고 섭관가摂関家를 중심으로 한 사람들의 증답가 중심으로 이루어져 있다. 《고센슈》가 귀족의 일상생활을 반영하고 우타모노가타리歌物語적인 경향이 강했다면 《슈이슈》는 전아하고 격조 높은 《고킨슈》의 전통을 잇고 있다고 할 수 있다.

《하치다이슈八代集》

지방에서 무사 세력이 힘을 키워 섭관 정치가 쇠퇴의 길에 접어들기 시작한 헤이안 후기에도 칙찬와카집의 편찬은 이어졌다.

시라카와 천황의 칙명을 받아 후지와라노 미치토시藤原通俊가 엮은 네 번째 칙찬집 《고슈이슈後拾遺集》를 비롯하여, 미나모토노 도시요리源俊頼가 시라카와白河 법황의 명을 받아 엮은 다섯 번째 칙찬집 《긴요슈金葉集》가 나왔다. 특히 이 《긴요슈》는 당시 가인들의 반反《고킨슈》 정서를 반영하여 밝고 참신한 서경가가 중심을 이루고 있으며, 권수巻数도 종래의 전통을 깬 10권으로 이루어져 있다.

이어 여섯 번째 칙찬집인 《시카슈詞花集》는 스토쿠崇徳 천황의 칙명을 받은 후지와라노 아키스케藤原顕輔에 의해 찬진되었는데 취향은 다시 보수적인 쪽으로 흘렀다. 1187년에는 후지와라노 슌제이藤原俊成가 고시라카와인後白河院의 명으로 일곱 번째 칙찬집인 《센자이슈》를 편찬했다. 200년간의 뛰어난 와카를 신분에 구애됨

없이 실었으며 작자로는 출가한 사람이 많은 것이 특색이다. 슌제이의 제자들에 의해 중세 초기에 편찬된 여덟 번째 칙찬집 《신코킨슈新古今集》까지, 《산다이슈》에 이어 나온 다섯 칙찬집을 합하여 흔히 '하치다이슈八代集'라 부른다.

사가집私家集

앞에서 소개한 칙찬집이나 사찬집 등이 공적이든 사적이든 다른 이들의 와카를 모아 편찬한 것임에 비해, 본인 혹은 타인이 어느 한 사람의 작품들을 모아 편찬한 것을 '사가집私家集'이라 부른다. 사가집은 유력한 가인歌人이라면 대개 엮었으며, 그중 이즈미시키부和泉式部의 《이즈미시키부슈和泉式部集》, 사이교西行[11]의 《산카슈山家集》 등이 유명하다.

《**산카슈**山家集》

사이교西行의 개인 가집, 즉 사가집으로, 한적한 자연, 특히 달과 벚꽃에 대한 깊은 애정을 평이하고도 명쾌한 표현으로 노래하고 있다.

가요歌謡

민중의 노래로서 생활 속에서 자연발생적으로 이루어졌으며, 헤이안 중기 이후에는 로에이朗詠[12]가, 헤이안 말기에는 이마요今様[13]가 각각 유행했다.

---

11 헤이안 말기에서 중세 초기에 걸쳐 활약했던 가승歌僧으로, 원래 무사 출신이었으나 젊었을 적에 무상을 느끼고 출가했다. 각지를 돌아다니며 벚꽃과 달을 위시한 자연을 노래하여 많은 명작을 남겼다. 일반적으로 중세의 가인으로 취급된다.

12 한시문이나 와카의 가구佳句에 곡을 붙여서 비파나 피리 등의 반주에 맞춰 읊은 것이다. 헤이안 중기 이후에 귀족들 사이에서 유행했던 가요이다.

13 귀족들의 가요였던 로에이를 대신하는 새 양식 · 새 내용의 가요로, 옛 가요에 대하여 현대(당대)풍의 가요라는 뜻으로 이렇게 이름 붙여졌다. 불경의 게偈를 일본어로 쉽게 풀어 쓴 와산和讃의 영향을 받아 헤이안 중기 무렵에 발생했으며, 헤이안 말기에는

그 밖의 가요로는 가구라 우타神楽歌[14] · 사이바라催馬楽[15] · 아즈마아소비東遊,[16] 그리고 당시 각 지방의 민요를 가리키는 후조쿠 우타風俗歌 등을 들 수 있다.

가요의 대표적 작품집으로는, 로에이를 모은 《와칸로에이슈》, 이마요를 집대성한 《료진히쇼》 등이 있다.

《와칸로에이슈和漢朗詠集》

후지와라노 긴토藤原公任가 편찬하였다. 1013년경에 성립된 것으로 추측되나 확실하지 않다. 부다테部立는 '사계四季'와 '잡雑'으로 나뉘며, 한시漢詩와 와카가 번갈아 배열되는 식으로 편집되어 있다.

《료진히쇼梁塵秘抄》

고시라카와인後白河院이 유녀遊女들의 협력을 받아 편찬하였으며, 1169년에 성립되었다. 헤이안 말기 무렵, 유녀나 시라뵤시白拍子 등의 여성 예능인들이 전승한 갖가지 가요가 궁중에 들어와 이마요로서 크게 유행했는데, 이러한 '잡예雑芸'[17]를 분류 집대성한 작품집이다.

유녀遊女(=遊君) · 시라뵤시(무녀의 일종) 사이에서 유행했다.

14 신에게 제사 지낼 때 연주하는 무악舞楽을 가구라神楽라 부르는데, 그때 입으로 부르는 가요를 가구라 우타라 한다.

15 민요를 아악에 맞추어 불렀던 것이다.

16 간토関東 지방이나 도카이東海 등의 일본 동쪽 지방에서 춤을 추면서 불렀던 옛 민요.

17 헤이안 시대에 민간에서 시작된 예능을 통틀어 일컫는다.

3)산문

모노가타리物語

모노가타리에 관하여

일본 고전 산문 장르의 하나로, 오늘날의 소설에 해당된다. '모노物'란 불특정 사물이나 사실을 추상적이고 총괄적으로 부르는 말이며, '가타리語'는 '이야기' 또는 '이야기함'이라는 뜻을 가진 말이다. 따라서 이 ' 모노가타리物語'라는 말은, '무언가를 누군가에게 이야기하는 것'이라는 뜻을 지닌다. 실제로 서술 형태를 보면, 작자가 보고 들은 일이나 상상을 토대로 하여 무언가를 누군가에게 이야기하는 식으로 서술되었음을 알 수가 있다.

이 모노가타리 문학이 특히 발달했던 시기는 귀족 문화가 일본 역사상 가장 화려하게 꽃피었던 헤이안 시대이다. 이 시대에는 중국에서 전해진 소설류의 영향을 받은 데다, 산문 표현을 한결 용이하게 한 가나 문자도 발생하여 창작 의욕이 폭발적으로 고양되어 갔다. 한문이 유일한 표현 수단이던 이전 시대와는 달리, 전설이나 설화도 가나를 쓰게 되고부터는 활발하게 글로 정리되기 시작했다. 특히 가나 문자의 주요 사용자였던 궁중의 엘리트 여성들이 주축이 되어, 일본 문학사상 유례가 없는 모노가타리 문학의 전성기를 맞기에 이르렀다.

이 모노가타리에는 몇 가지 부류가 있는데, 크게 분류하면, 사실과 관계없는 가공의 이야기를 지어낸 '쓰쿠리(창작) 모노가타리作り物語', 와카를 중심으로 실재 인물을 등장시켜 짤막짤막한 이야기를 엮어 놓은 '우타 모노가타리歌物語', 역사적 사실을 토대로 약간의 각색을 가미한 '레키시 모노가타리歷

史物語', 설화 이야기를 모은 '세쓰와 모노가타리說話物語' 등으로 나눌 수 있다.

현존 최고最古의 모노가타리 작품은, 전기적伝奇的 모노가타리로서 일본인들에게 친숙한 《다케토리 모노가타리竹取物語》이며, 가장 대표적인 작품으로는 국제적으로도 유명해진 《겐지 모노가타리》를 꼽을 수 있다. 그 밖에도 《이세 모노가타리伊勢物語》, 《야마토 모노가타리大和物語》 등이 유명하며, 수많은 모노가타리를 집대성한 《곤자쿠 모노가타리슈今昔物語集》도 빼놓을 수 없다.

쓰쿠리 모노가타리作り物語

사실과는 거리가 있는 가공의 모노가타리를 '쓰쿠리 모노가타리作り物語'라 부르며, 공상적이고 전기적伝奇的인 성향이 짙다. 여태까지 입으로만 전해지던 전설이나 설화를 가나 문장으로 옮겨 적는 과정에서 먼저 덴키 모노가타리伝奇物語가 이루어졌는데, 《다케토리 모노가타리竹取物語》가 그 효시다. 섭관摂関정치하의 궁중 여류 작가들의 활동도 이 장르 발생의 주요 배경이 되었다.

대표적 작품으로는 《다케토리 모노가타리》, 《이세 모노가타리》, 《야마토 모노가타리》, 《헤이추 모노가타리平中物語》, 《우쓰호 모노가타리宇津保物語》, 《오치쿠보 모노가타리落窪物語》, 《겐지 모노가타리》, 《사고로모 모노가타리狭衣物語》, 《쓰쓰미추나곤 모노가타리》 등을 들 수 있다. 이 중 《이세 모토가타리》, 《야마토 모노가타리》, 《헤이추 모노가타리》 등은 와카가 모노가타리의 중심을 이루면서 전개되고 있어, 이들을 가리켜 특히 '우타 모노가타리'라 부른다. 이 우타 모노가타리는 여타 작품들과는 성격이

다소 달라, 뒤편에 별도의 항목으로 따로 설명하기로 한다.

《다케토리 모노가타리竹取物語》

대강 줄거리는 다음과 같다.

> 대나무 통 속에서 태어난 주인공 '가구야 히메かぐや姫'가 대나무로 밥벌이하며 사는 노인에게 발견되어 키워지게 된다. 처음에는 세 치도 채 안 되던 키가 쑥쑥 자라 석 달 정도 만에 아리따운 숙녀가 되었다. 소문을 들은 5명의 귀족들로부터 청혼이 들어오나, 그녀는 구하기 어려운 갖가지 보물을 구해 오라는 난제로 청혼을 물리친다. 그녀가 요구한 보물은 이를테면, 용의 목에 걸린 오색 빛 영롱한 구슬, 봉래산에 있다는 줄기가 금이고 흰색 구슬을 열매로 맺는 나무 등이었다. 천황으로부터도 청혼이 들어오나 이마저도 따르지 않고 고향인 달나라로 날아간다.

작자는 미상이나, 일본의 옛 전설이나 불전仏典, 한적漢籍의 설화를 토대로 한 구성이어서, 한시의 교양이 풍부한 한문학자나 그에 준한 지식인에 의해 지어진 것으로 추측된다. 성립 연도도 확실치 않으며, 10세기 중엽경에 이루어진 것으로 추정될 따름이다.

• 평가

《겐지 모노가타리》에도 "모노가타리 발생의 시조인 다케토리竹取 노인…"이라 적혀 있어 모노가타리 문학의 최초 작품으로 지목된다. 문장은 간결하고 우아하다는 평가를 받고 있으며, 청혼하는 귀인들에게 낸 난제를 둘러싼 해학적 풍자는 밝은 웃음거리를 제공하고 있다. 게다가 작품 전반에 깔려 있는 환상적 분위기도 곁들어져, 일본인들에게 많은 사랑을 받아 온 옛날이야기 중의 하나로 손꼽힌다. 중국의 옛날이야기 〈반죽고랑斑竹姑娘〉과 매우 흡사하여 그 영향이 적지 않았을 것으로 헤아려진다.

《우쓰호 모노가타리宇津保物語》

기요하라 도시카게俊蔭가 당나라로 가던 중 배가 표류하여 우연히 페르시아로 가게 되었다. 거기서 천인天人을 만나 거문고의 비곡秘曲을 전수받아 귀국하는 것으로 이야기는 시작된다. 기요하라 도시카게清原俊蔭는 그의 딸에게 이 비곡을 전수하며, 딸은 아들 나카타다仲忠에게, 나카타다는 또 그의 딸 이누미야犬宮에게 전수하는 식으로, 4대에 걸친 거문고 명인 일가의 번영과 비곡 전수 이야기로 짜여 있다. 게다가 아리따운 여인 '아테미야貴宮'에게 반한 나카타다의 구혼 이야기도 이어지고 있어 《다케토리 모노가타리》의 구혼담을 계승한 듯한 흔적도 보인다. 《우쓰호 모노가타리》라는 제목은 가난했던 나카타다가 커다란 삼나무 동굴, 즉 우쓰호宇津保에 살면서 어머니로부터 비곡을 전수받은 데서 유래했다.

《오치쿠보 모노가타리落窪物語》

전 4권의 덴키 모노가타리이며, 작자와 성립 연대가 모두 미상이나, 《겐지 모노가타리》보다는 약간 이른 시기에 어느 남성의 손에 의해 이루어졌을 것이라고 추측되고 있다.

계모에게 학대받은 여주인공이 사콘노 쇼쇼左近少将와 행복한 결혼을 한다는 일본판 신데렐라 이야기이다. 남편인 쇼쇼가 계모에게 복수하는 이야기가 섞여 있는 점은 다소 이색적이나, 결국 모두 화해하고 행복한 결말을 맞는 것으로 이야기는 마무리된다. 후세에 나오는 일련의 '마마코이지메 모노가타리継子いじめ物語'(의붓자식 학대 이야기) 계통의 효시가 되는 작품이다.

《겐지 모노가타리源氏物語》

• 작자와 성립

전 54첩帖(=巻)으로 이루어진 장편의 모노가타리이다. 작자는 무라사키시키부紫式部라는 이름의 궁중 뇨보女房이다. 그녀는 한문학자 후지와라노 다메토키藤原為時의 딸이며, 어릴 적부터 총명하여 와카나 문장에 남다른 재능을 보였다고 한다. 같은 성씨인 후지와라노 노부타카藤原宣孝와 결혼했으나, 남편과 사별한 후 관백関

白 미치나가道長의 딸인 쇼시彰子를 모시며 궁중 근무를 하기도 했으며, 1016년경 40세 전후의 나이로 생을 마쳤다.

그녀가 이 작품을 집필하기 시작한 때는 남편과 사별한 1001년 이후로 보이며, 궁중 근무를 시작한 1005년 이후도 집필은 계속되어, 1008년 무렵에는 작품의 일부가 궁중에 유포되기 시작했고, 1010년경에는 전체가 완성된 것으로 추정된다. 성립 순서는 반드시 각 첩帖의 순서와 동일하지는 않은 것으로 판단된다. 각 첩에는 작품 내용을 암시하는 제목이 붙어 있어 전개될 작품 세계를 짐작하게 한다.

• 내용

후세 사람들은 전 54첩을 흔히 3부로 구분하는데, 처음부터 33첩까지를 제1부, 그 다음 8첩을 제2부, 그리고 나머지 13첩을 제3부로 나눌 수 있다.

제1부에는 주인공 히카루 겐지光源氏의 애정 편력을 기조로 한 화려한 삶이 그려져 있는데, 주인공의 사랑에는 늘 운명적 그늘이 수반된다. 여기서 겐지는 일반인의 수준을 초월한 수려한 용모와 자질을 아울러 갖춘 인물로 묘사되고 있다. 게다가 그는 천황에 해당하는 기리쓰보테이桐壷帝와 그 후궁인 기리쓰보코이桐壷更衣 사이에서 왕자로 태어난 셈이니, 외모와 신분의 측면에서 더할 나위 없는 이상적 남성상으로 설정되어 있다.

그가 탄생한 시점에서부터 이야기는 시작되며, 그 후 스마須磨로 유배를 가게 되는 시련기를 거쳐, 나중에는 상황上皇에 준하는 지위에 오르게 되는 39년간의 역경과 영광의 이야기가 33첩 부분까지의 내용 속에 펼쳐지고 있다. 이야기는 주로 그의 애정편력을 중심으로 하여 전개되는데, 그가 어렸을 적에 죽은 어머니와 꼭 닮은 계모(기리쓰보테이桐壷帝의 후궁) 후지쓰보藤壷를 범하여 금기를 깨는 애정 이야기가 그 애정편력의 시작이 되고 있다. 이후 이상적 여성 무라사키노우에紫上, 고상하고도 아리따운 여인 오보로즈키요朧月夜, 질투로 괴로워하는 로쿠조노미야슨도코로六条御息所 등등 수많은 다채로운 여인들과 잇달아 교제 관계를 맺어 가는데, 이러한 그의 애정편력 이야기는 어딘가 서정과 애수를 머금고 있다.

제2부로 나누어지는 제34첩 이후의 8첩에서는 제1부에 비해 내면 묘사적인 필치

가 이어져 주인공 겐지의 만년 12년간의 고뇌와 고독이 짙게 깔려 있다. 영화로운 세계에 살던 겐지는 만년에 접어들어서는, 외견상의 영광스러운 모습과는 달리 고뇌와 우수에 잠겨 살다가, 가장 사랑하던 이상적 여성 무라사키노우에마저 세상을 뜨자 고독감을 이기지 못하고 끝내 출가를 결심한다.

제3부로 구분되는 제42첩 이후의 마지막 13첩에는 겐지가 세상을 뜬 후 그 아들 가오루薫를 중심으로 하여 남겨진 사람들의 이야기가 전개된다. 내면 묘사에 한층 깊이가 더해지고, 불교사상에 근거한 우수의 그림자가 전반적으로 짙게 드리워져 있다. 사람의 내면 깊숙한 곳을 응시하여 당시 귀족 사회의 어두운 단면을 그려내려 한 작자의 의도가 엿보이며, 이러한 내면 성찰적 깊이가 이 작품의 문학성을 한없이 끌어올리고 있다. 이 중 나중의 10첩은 무대 배경이 우지宇治라는 곳이어서, 흔히 '우지주조宇治十帖'라 불린다. 겐지의 아들 가오루薫의 잘 이루어지지 않는 사랑 이야기가 펼쳐진다. 여기에는 겐지의 화려한 애정 편력에 비하면 너무도 대조적인 비련悲恋 이야기여서, 작자의 의도가 있는 것인지, 있다면 그 의도는 무엇인지 등 관심을 끄는 데가 적잖이 있다.

• 평가

모노가타리 전체에 일관되어 흐르는 문학 이념은 감상적感傷的이고도 탐미적인 개념을 가진 것으로 이해되는 '아와레'의 미의식이다. 학자의 딸로 태어나 갖가지 학문적 소양을 두루 갖추게 된 작자의 역량이 작품 속에 유감없이 발휘되었다고 판단된다. 선행 문학의 제 요소를 융합해 집대성하고, 여성다운 세밀한 사실적 묘사가 작품 속에서 빛을 발하고 있다. 작품의 시간적 배경이 되고 있는 74년간 약 490명의 인물들이 등장한다. 주도면밀하게 짜여 있는 웅대한 구상에 힘입어 등장인물들의 심리, 행동, 그들 간의 관계가 서로 모순됨이 없어 작자의 높은 구상력이 돋보인다. 특히, 각 인물의 심리 묘사 · 성격 묘사 등에 탁월한 작자의 재능이 발휘되고 있다. 후세의 문학 · 예능 등에 미친 영향이 지대하다.

우타 모노가타리歌物語

와카에는 그 작품을 읊게 된 배경을 설명하는 짤막한 내용의 산문이 작품 앞에 붙는 경우가 흔히 있는데, 이것을 고토바가키詞書라 부른다. 이 고토바가키가 와카와 함께 이야기 형태로 증폭되고 발전한 것이 이 '우타 모노가타리'라는 장르라 간주하면 되겠다. 일종의 노래 이야기 형태인 '우타가타리歌語り'는 헤이안 초기의 귀족 사회에서 특히 유행했는데 이것을 문장화하여 증폭시킨 것이 이 우타 모노가타리이다. 따라서 이 장르의 중심은 산문 부분이 아니라 운문인 와카라 보아야 한다. 대표적 작품으로서는 《이세 모노가타리》, 《야마토 모노가타리》 등을 들 수 있다.

《이세 모노가타리伊勢物語》

· 작자와 성립

작자는 미상이며, 원형은 《고킨슈》(905년) 성립 시기를 전후한 때에 성립된 것으로 추정된다. 우타 모노가타리의 효시이자 대표적 작품이다. 이 작품의 중심은 헤이안 시대의 대표적 와카 작자로서 롯카센六歌仙 중의 한 사람이었던 아리와라노 나리히라在原業平의 와카이다. 따라서 이 나리히리가 자신의 인생을 이야기화한 것에서 비롯되었다는 설도 나오고 있다. 그러나 작품 중에는 아리와라노 나리히라의 실명은 어디에도 보이지 않고, 그냥 그를 연상시키는 '오토코男'로만 적혀 있다.

· 내용

나리히라業平를 연상시키는 '오토코男'를 주인공으로 하여, 그 일대기를 구성하고 있다. 나리히라가 지은 와카를 중심으로 한 125단段의 우타 모노가타리로 이루어져 있다. 각 단은 각기 독립된 하나의 작은 스토리로 읽히기도 한다.

· 평가

최초의 우타 모노가타리이며, 문장은 소박하고 간결하다. 감상적 · 탐미적 미의식인 '아와레'의 문학 정신이 《겐지 모노가타리》에 앞서 이미 깔려 있으며, 내용적으로도 유사한 데가 있어 《이세 모노가타리》가 《겐지 모노가타리》에 미친 영향의 흔적을 여기서 찾는 사람들이 많다.

《야마토 모노가타리大和物語》

전 2권으로 구성된 우타 모노가타리이며, 작자는 미상이다. 원본은 947-956년 사이에 성립되었으며, 후에 증보增補된 것으로 추측된다. 약 300수의 와카를 중심으로 한 173화의 짤막한 이야기로 구성되어 있으며, 후반부는 설화 문학적인 성격을 짙게 내포하고 있다. 《이세 모노가타리》, 《겐지 모노가타리》 등과 함께 가도歌道의 교양서로 존중되었다.

《헤이추 모노가타리平中物語》

39단으로 구성된 우타 모노가타리이며, 작자는 미상이다. 《고킨슈》 시대의 가인 다이라노 사다후미平貞文를 주인공으로 한 우타 모노가타리로, 《사다후미 닛키貞文日記》로 불리기도 한다. 주인공 사다후미貞文가 사랑에 실패하는 괴로움을 그리고 있는데, 《이세 모노가타리》에 비해 서정성이 다소 결여되어 있다는 평을 받고 있다.

헤이안 후기 모노가타리平安 後期 物語

《겐지 모노가타리》가 나온 이후, 헤이안 후기에도 적지 않은 모노가타리가 세상에 나왔다. 그러나 《겐지 모노가타리》가 너무도 큰 선풍적 인기를 모았던 터라, 그 다음에 나온 모노가타리들은 거의가 모방적 아류작의 수준을 벗어나질 못했다. 《사고로모 모노가타리》, 《요루노네자메夜の寝覚》, 《하마마쓰추나곤 모노가타리浜松中納言物語》, 《도리카에바야 모노가타리とりかへばや物語》 등이 그들이다. 다만, 그중에도 《쓰쓰미추나곤 모노가타리》는 그 영향권에서 벗어나 비교적 잘된 작품으로 평가받고 있다.

《사고로모 모노가타리狭衣物語》

전 4권으로 이루어진 모노가타리이며, 1070년 전후에 성립된 것으로 보인다. 사고로모다이쇼狭衣大将가 겐지미야源氏宮라는 이름의 넘보지 못할 여성을 연모하여 사랑에 번민하는 내용을 담은 비련 이야기이다.

《요루노네자메夜の寝覚》

《夜半の寝覚(요와노네자메)》, 《寝覚(네자메)》라고도 부른다. 주나곤中納言과 네자메노우에寝覚の上의 파란만장한 운명을 다룬 비련 이야기이다.

《하마마쓰추나곤 모노가타리浜松中納言物語》

전 6권으로 이루어졌으며, 하마마쓰추나곤浜松中納言의 이루지 못한 사랑의 괴로움을 그린 연애 모노가타리이다. 장면을 당나라로까지 넓혀 무대 배경이 이색적이고, 꿈이라든가 전생転生 등의 설정을 통하여 신비로운 분위기를 띤다.

《도리카에바야 모노가타리とりかへばや物語》

이복 남매가 각각 성性이 바뀌어 자라면서 갖가지 곤란한 경우를 겪다가, 나중에 성인이 되어 연인이 생긴 후 행복을 찾는다는 이야기이다. 다소 노골적인 관능묘사가 있어 헤이안 말기의 퇴폐적 경향이 엿보인다. 지금 남아 있는 현존본現存本은 원본이 아니고, 가마쿠라鎌倉 초기에 다시 쓰인 개작본改作本이다.

《쓰쓰미추나곤 모노가타리堤中納言物語》

전 10편의 단편으로 이루어진 단편 모음집이다. 작자는 미상이며, 10편의 단편 중 〈오사카 고에누 곤노추나곤逢坂越えぬ権中納言〉만은 고시키부小式部의 작품으로 알려져 있다. 각 편이 따로따로 성립되어 헤이안 말기에 취합된 것으로 추정된다.

귀족들의 일상생활을 배경으로 하여 특이한 인물과 그 행동을 그려내면서도 퇴폐적으로 끝나지는 않고, 진기한 이야기들을 제재로 해서 인생의 한 단면들을 그려내고 있다는 점에서 비교적 호평을 받고 있다.

레키시 모노가타리歷史物語

헤이안 말기에는 무사계급이 대두하여 헤이안 시대를 주름잡았던 귀족 집안 후지와라藤原 씨의 시대는 종막을 고했다. 몰락의 운명을 예감한 귀족들 사이에서는 화려했던 옛날을 동경하는 회고 풍조가 일었다. 이러한 회고 풍조와 맞물려, 후지와라 씨에 의한 섭관 정치摂関政治(섭정과 관백에 의한 정치)를 비판하는 역사의식도 일어, '레키시 모노가타리歷史物語'라는 새로운 형태의 문학이 발생했다. 대표적 작품으로는 《에이가 모노가타리栄花物語》, 《오카가미大鏡》, 《이마카가미今鏡》 등을 들 수 있다.

《에이가 모노가타리栄花物語》

전 40권으로 된 최초의 레키시 모노가타리이며, 후지와라노 미치나가藤原道長[18]의 영화로웠던 시절에 관한 기술이 중심을 이루고 있다. 우다宇多 천황으로부터 호리카와堀河 천황에 이르기까지 약 200년간의 역사를 편년체로 기술하고 있다. 궁중의 행사에 관한 기술이 자세하고, 정치에 관한 기사는 적다. 미치나가道長 예찬으로 일관되어 있어 비평 정신이 결여되어 있다는 평가를 받기도 한다.

《오카가미大鏡》

전 3권으로 된 레키시 모노가타리이며, 작자는 미상이다. 성립 시기도 알 수 없고 다만 12세기 초 무렵이 아닌가 하고 추측될 뿐이다. 몬토쿠文徳 천황부터 고이치조後一条 천황에 이르기까지 기전체의 역사 기술과 30명의 열전列伝으로 구성되어 있다. 열전 중에서도 중심은 미치나가의 영화로웠던 시절에 관한 기술이다.

세 사람의 가상 인물이 서로 문답하는 형식을 취하고 있으며, 비판적 시각하에

18 헤이안 중기의 공경公卿으로, 후지와라 씨의 최고 전성시대를 창출한 장본인. 1016년에 섭정이 되었는데 이듬해인 1017년에 아들 요리미치頼通에게 섭정 지위를 물려주고, 본인은 다이조다이진太政大臣이 되어 부자가 함께 정권을 독점하였다. 1019년에 출가하여 호조지法成寺를 건립하였다.

표면적 역사뿐만 아니라 이면적 역사도 적고 있다. 비판 정신의 근간에는 도의적 사고방식이 깔려 있으며, 등장인물의 문답식 전개는 이전에 없던 새로운 희곡적 취향을 보이고 있어 주목된다.

《이마카가미今鏡》

《오카가미》의 후속편적인 성격을 띠며, 고이치조 천황부터 다카쿠라高倉 천황까지를 기전체로 적고 있다. 《오카가미》를 시작으로 해서, 이후 중세에 이루어진 《미즈카가미水鏡》, 《마스카가미增鏡》에 이르기까지의 일련의 '가가미鏡'[19]시리즈의 작품을 흔히 '시쿄四鏡'라 부른다.

세쓰와 모노가타리說話物語

헤이안 말기에는 서민들에게 불교가 유포된 결과, 설교나 법어法語에 이용할 설화의 소재가 필요하게 되어 의도적으로 각처에 유포되어 있던 설화들을 수집하게 되었다. 창작에 한계를 느낀 시대 말의 지식인들이 기담奇談이나 일화逸話 등에 흥미를 갖게 되면서 설화 문학이 각광을 받게 되었다. 이 시대의 설화집으로는 《곤자쿠 모노가타리슈今昔物語集》가 독보적인 지위를 차지하고 있다.

《곤자쿠 모노가타리슈今昔物語集》

편자와 성립 시기는 미상이며, 전 31권(현존하는 것은 28권) 체재이다. 크게 '천축天竺(인도)' · '진단震旦(중국)' · '본조本朝(일본)'의 세 부部로 나누어 1,000여 가지 이야기를 모아 수록한 대大설화집이다. 불교적 내용의 포함 여부에 따라 크게 불교설화仏教說話와 세속 설화世俗說話의 두 계통으로 나누어진다.

---

19 '가가미鏡'는 '거울'이라는 뜻으로, 역사를 인간 군상을 비추는 거울에 비유한 것에서 유래된 용어이다.

• **평가**

헤이안 시대의 사회생활과 민중의 생활이나 사상을 반영하고 있어 당시의 시대상을 엿볼 수 있는 자료가 된다. 문장은 한문직역체이며, 일본어와 한문이 뒤섞인 '와칸콘코분和漢混交文'의 문체로서는 선구적이라는 데에 이 작품의 의의가 있다. 후대 문학에 끼친 영향이 크다.

일기日記

일기는 원래 귀족 계급의 남성이 공적 또는 사적 필요에 의해 남기는 비망록 형태의 한문 글이었다. 이와 같은 한문체 일기는 사무적인 필요성에 의해 실용적으로 쓰인 것이어서 문학적 가치는 미미하다.

그러나 가나 문자가 나온 이후부터는 내면 성찰적인 표현이 훨씬 자유로워지고, 그에 따라 문학적 가치도 풍부해졌다. 이 가나로 된 일기는 주로 여성이 썼으며, 우타 모노가타리歌物語적 성격을 띤 여행 일기라든가 자서전풍의 일기 등 문학성이 뛰어난 것이 많았다.

대표적 작품으로서는 《도사 닛키土佐日記》, 《가게로 닛키蜻蛉日記》, 《이즈미시키부 닛키和泉式部日記》, 《무라사키시키부 닛키紫式部日記》, 《사라시나 닛키更級日記》 등을 들 수 있다.

이 중 《도사 닛키》는 최초의 일문日文 일기인 셈인데, 남성인 기노 쓰라유키紀貫之가 여성이 쓴 것처럼 가장하여 쓴 점이 이채롭다. 우리의 한글이 처음 창제되어 세상에 나왔을 때처럼, 당시 일본의 남성 지식인들 사이에서도 드러내 놓고 가나를 쓰는 것을 꺼리는 분위기가 있었던 모양이다.

《도사 닛키土佐日記》

작자는 최초의 칙찬와카집인 《고킨슈》의 편찬자이자 그 가나 서문의 필자이기도 한 기노 쓰라유키紀貫之이다. 성립 시기는 서기 935-936년경으로 추정되며, 부임지였던 도사土佐를 출발하여 교토에 돌아오기까지의 50여 일간에 걸친 체험과 느낌을 적은 여행 일기이다.

작자를 여성인 양하고[20] 기노 쓰라유키 자신은 배의 선장 격인 '후나기미船君'를 가장하여 적고 있다. 내용은 뱃길 여행 중 있을 수 있는 갖가지 위험에 대한 두려움, 귀경의 기쁨 등이 주를 이루고 있다. 마지막은 부임지 도사에서 잃은 딸에 대한 그리움과 슬픔을 와카에 실어 읊는 것으로 마무리 지어져 있다.

• 평가

가나로 쓴 일기의 선구 격인 작품이며, 여류 일기 문학의 융성을 촉발시킨 선구적인 작품이기도 하다. 와카를 군데군데 섞었으며, 명문名文인 《고킨슈》 가나 서문의 필자답게 문장이 간결하고도 명쾌한 것으로 정평이 나 있다.

《가게로 닛키蜻蛉日記》

작자는 후지와라노 가네이에藤原兼家[21]의 아내이자 미치쓰나道綱의 모친이라는 정도만 알려져 있고, 실명은 미상이다.

일부다처제一夫多妻制라는 사회제도하의 불안과 성격 차이 등으로 인한 부부생활에 있어서의 고뇌, 그리고 외아들 미치쓰나道綱에 대한 남다른 모정 등을 자서전풍으로 기술하고 있다. 가정생활의 파탄을 상세히 기술하고 있으며, 고뇌하는 여성의 심리가 예리하게 묘사되어 있다. 여류 일기 문학의 선구적인 작품이며, 《겐지

---

20 기노 쓰라유키는 《도사 닛키》 처음 부분에 "남자나 쓴다는 일기라는 것을 여성인 나도 한번 써보려는 것이다"라 적어 필자가 여성인 양 가장하고 있다.

21 섭정과 관백을 지냈으며, 후지와라 씨의 최전성기를 누린 후지와라노 미치나가藤原道長의 아버지이기도 하다. 미치나가道長와 마치쓰나道綱는 서로 이복형제 사이인 셈이며, 《가게로 닛키》의 필자인 미치쓰나의 모친은 남편과 성격 차이 등으로 사이가 좋지 않았던 모양이다.

모노가타리》의 성립에 적지 않은 영향을 끼친 것으로 평가된다.

《**이즈미시키부 닛키**和泉式部日記》

작자는 이즈미시키부和泉式部이며, 성립 시기는 확실치는 않으나 1007년경이 아닌가 하고 추측되기도 한다. 왕자 아쓰미치敦道와의 열렬한 연애담을 사소설私小説적으로 기록하고 있다. 신분이 서로 다른 필자와 왕자 간의 애틋한 연모의 정이 수많은 증답가贈答歌를 중심으로 정감 넘치게 담겨 있다. 필자는 스스로를 3인칭으로 서술하고 있어 우타 모노가타리적인 성격도 띠고 있다.

《**무라사키시키부 닛키**紫式部日記》

작자는 《겐지 모노가타리》의 작자인 무라사키시키부紫式部이며, 1010년경에 성립된 것으로 보인다. 작자가 이치조一条 천황의 중궁中宮이었던 쇼시彰子 밑에서 근무하던 무렵에 발생한 중궁 쇼시의 출산 이야기를 중심으로 한 궁중생활의 갖가지 기록이 일기와 서간문 형식으로 적혀 있다. 일기 부분에는 궁중의 의식이나 행사가 상세히 기술되어 있으며, 서간문 부분에는 이 시대의 수필을 대표하는 명작 《마쿠라노소시枕草子》의 필자인 세이쇼나곤清少納言 등의 궁중 뇨보들에 관한 평이 적혀 있다.

《**사라시나 닛키**更級日記》

작자는 스가와라노 다카스에菅原孝標의 딸이며, 1060년경에 이루어진 것으로 추측된다. 아직 소녀였던 작자가 아버지의 부임지 가즈사노쿠니上総国(지금의 지바千葉현의 중앙부)를 출발하여 귀경했던 때로부터, 50세 무렵에 남편을 잃고 극락정토를 동경하게 되기까지를 적은 것이다.

그날그날 적어 놓은 것이 아니라 나중에 한꺼번에 회상하여 적은 것이어서, 일기라기보다는 회상기回想記라 할 만하다. 꿈 많던 소녀 시절로부터 모노가타리의 세계를 동경하며 자랐던 작자가, 냉엄한 현실로 인해 환상으로부터의 탈각을 체험하고, 궁극적으로는 신앙의 세계에 침잠하게 되는 정신적 편력기遍歴記라 할 수 있다. 나이가 어지간히 들기까지 모노가타리나 꿈 등의 비현실 세계와 현실 세계 사이의 경계를 인식 못하던 작자의 순수하고도 낭만적인 내면이 작품 전반에 걸쳐 엿보이는 점이 이 작품의 특색이기도 하다.

《조진아자리노 하하노슈成尋阿闍梨母集》

80세를 훨씬 넘긴 노모가 불교 공부하러 송나라로 떠나는 61세의 아들 조진아자리成尋阿闍梨(천태종의 승려)와의 생이별을 탄식하며 와카를 섞어 일기체로 적은 것으로 1073년 이후에 이루어진 것으로 추정된다.

자신이 죽은 후에나 돌아오게 될 아들을 향한 애틋한 모정이 독자의 심금을 울린다. 아들 조진은 송나라에 그대로 머물다 그곳에서 10년 후에 죽었다고 한다.

《사누키노스케 닛키讃岐典侍日記》

후지와라노 조시藤原長子가 자신이 모시던 호리카와堀河 천황이 죽은 후 천황을 사모하며 회상조로 적은 일기이다. 천황이 죽은 지 1년쯤 지난 1108년경에 이루어진 것으로 보인다. 천황의 발병기로부터 회상이 시작되고 있다.

수필随筆

형식에 구애됨 없이 붓 가는 대로 적어 내려간 수필체의 글이 중고 시대의 뇨보에 의해 쓰여졌다. 바로 그 유명한 《마쿠라노소시》이다.

《마쿠라노소시枕草子》

작자는 세이쇼나곤이며, 성립은 10세기 말경으로 추측된다. 오랜 기간에 걸쳐 써 두었던 것을 10세기 말경에 한꺼번에 정리한 것이 아닌가 하고 헤아려진다.

작자 세이쇼나곤은 중궁 데이시定子를 모시는 뇨보였으며, 중궁 데이시를 중심으로 한 화려한 궁정생활의 체험을 위시하여, 자연이나 사람에 관한 감상 등을 자유로운 필치로 적고 있다.

전체적으로 약 300단段에 이르는 구성이며, 크게 '모노즈쿠시物尽くし'[22]적 부분, 일기적 부분, 수상随想적 부분 등으로 구분된다.

• **평가**

일본 수필 문학의 선구적인 작품이며, 작자의 예리한 관찰력이 돋보여, 헤이안 시대의 수필 문학을 대표하는 작품으로서 손꼽힌다. 밝고도 지적인 문학이념인 '오카시をかし'가 기조를 이루고 있어, 감상적感傷的이고 탐미적 개념의 미의식인 《겐지 모노가타리》의 '아와레'와 종종 비교된다.

특히 사계절의 으뜸가는 정취를 적은 제1단이 너무도 유명하여, 전문을 번역하여 이 작품에 관한 상세한 소개에 대신한다.

> 봄은 새벽녘. 점차 희끄무레해지면서 밝아오는 산 능선이 조금씩 밝기를 더해 가고, 보랏빛 머금은 구름이 그 위에 가늘게 걸쳐져 있는 광경이 멋스럽다.
>
> 여름은 밤. 달이 나와 있으면 말할 나위 없이 좋고, 달 없는 깜깜한 밤도 또한, 수없이 많은 반딧불이 여기저기서 날며 명멸하는 광경. 또 그리 많지 않게 한두 마리 정도가 어렴풋한 빛을 내며 날아가는 것도 운치가 있다. 여름밤에 비가 내릴 적도 나름의 정취가 있어 좋다.
>
> 가을은 해질녘. 저녁 해가 산 능선 끝자락 가까이 비추며 뉘엿뉘엿 지려할 적에, 까마귀가 둥지 있는 곳으로 가려고 서너 마리, 혹은 두세 마리씩 날아서 갈 길 재촉하는 모습도 깊은 정취를 느끼게 한다. 하물며 기러기 따위가 줄을 지어 아스라이 날며 몹시도 작게 보이는 광경은 한층 더 정취가 있다. 해가 다 지고 나서, 바람 소리, 벌레 소리 따위가 들려 올 적도 또한 이루 말로 형용 못하리 만큼 좋다.
>
> 겨울은 이른 아침. 눈이 내리면 더 말할 나위도 없고, 서리가 새하얗게 내려 있는 정경도, 아니면 눈이나 서리 없이 그냥 몹시 춥기만 할 적에 불 따위를 서둘러 지펴서 만든 숯불을 여기저기 갖다 주려고 종종 걸음을 하는 모습도 겨울 아침에 어울리는 정경이다. 낮이 되어 차차 추위가 덜해져 가면, 화롯불도 허연 재가 많아져 보기에 좋지 않다.

---

22 '鳥は…(새는…)', '虫は…(벌레는…)', 'うつくしきものは…(예쁜 것은…)'라는 식으로 어느 종류에 속하는 것을 있는 대로 죽 열거하는 것을 가리키는 말.

헤이안 문학 관련 주요 용어 해설

아와레あはれ……헤이안 시대의 대표적 미의식 중의 하나로, 어떤 사물이나 사실에 대하여 감동이나 감흥을 느끼는 것을 가리키는 말이다.

본래는 와카에서 느끼는 감동을 가리키는 말이었는데, 근세 일본의 국학자 모토오리 노리나가本居宣長가 《겐지 모노가타리源氏物語》로 대표되는 헤이안 왕조 문학의 미의식이나 정신에 이 개념을 적용하여 '모노노아와레もののあはれ'를 설명한 이후에는 《겐지 모노가타리》의 대표적 미의식이 되어버렸다. 그러나 일반적으로는, 문학 속에 나타난 헤이안 시대 사람들의 온건하고도 조화로운 정서나, 우아하고도 섬세한 독자적인 미의식을 규정짓는 술어로 쓰이는 말이다. 이를테면, 계절의 변화로부터 느끼게 되는 정취, 인생의 애별리고愛別離苦, 불우한 자신의 처지, 어버이와 자식 간의 애정 등등, 갖가지 정황이나 사태를 겪는 사람의 마음속에 생기는 감정의 원천을 이 개념으로 지칭했던 것이다. 따라서 이 미의식의 근저에는 다분히 탐미적이고 감상적인 인간 정서가 깔려 있다고 볼 수 있겠다.

이 문학이념은, 인간의 감동에 문학의 본질이 있다고 보고 있는 점에서, 일본 문학의 근원을 이루는 하나의 중요한 사상 체계라 할 수 있다.

오카시をかし……'아와레あはれ'와 함께 헤이안 시대를 대표하는 미의식이다.

흔히 《겐지 모노가타리》를 '아와레' 문학의 대표작으로 꼽듯이, 헤이안 시대 수필문학의 대표작인 《마쿠라노소시枕草子》를 이 '오카시' 문학의 대표작으로 손꼽는다. 근세에 들어서는 접미어 '미み'를 수반하여 하이쿠俳句의 미적 이념인 '오카시미をかしみ'로 쓰이기도 했다.

문학 용어로서의 '오카시'에는 크게 나누어 두 가지 의미가 있다. 그 하나는 《마쿠라노소시》 등에 보이는 미적 정취 쪽이고, 또 다른 하나는 중세의 교겐狂言이나 하이카이렌가俳諧連歌 등에 보이는 해학적이고도 풍자적인 측면을 가리키는 것이다. 양쪽 다 일본 문학사에서 중요한 위치를 차지하고 있으나, 미적 정취를 본위로 하는 '오카시'에 비해 해학과 풍자 쪽 '오카시'는 문학용어로서의 승화나 격상格上은 이루어지지 않았다고 볼 수 있다. 즉, 미적 정취 쪽 '오카시'는 왕조 귀족의 정취적 감각에 한정되어 쓰이면서 보다 세련된 미의식으로 승화되어 갔지만, 우스개의 '오카시'는 서민의 자유분방함과 결부되어 그저 그때그때의 웃음만 자아내는 얄팍한 수준에 머물렀던 것이다.

이 '오카시'라는 미의식은 사람 마음에 생기는 이지적 감동의 의미로서 폭 넓게 수용되어, '정취가 있다', '흥미롭다', '귀엽다', '재미있다' 등 여러 가지 의미로 다양한 해석을 허락한다. '웃을 만한 것'을 나타낸다는 것이 본래의 뜻이었는데, 시각이나 청각을 통하여 구체적인 대상을 파악하고, 이지적인 감동을 나타낸다는 의미에서 보다 감성적이고 정서적인 감동 쪽인 '오카시'와는 다분히 대조적이다. 즉, '오카시'가 감상적感傷的이고도 주정적主情的인 미의식인 반면에, '오카시'는 밝고도 주지적主知的인 미의식이라는 점에서 두 개념은 서로 뚜렷이 대비된다.

우타마쿠라歌枕……일본 가학歌学의 한 용어로, 예로부터 와카에 자주 읊어진 명소나 구적旧蹟을 가리켜 이렇게 부른다.

발생직으로는 와카에 사용할 만한 일반적 표현, 혹은 그 표현들을 모은 책이라는 뜻에 이 용어의 출발점이 있으나, 차차 노랫말 중에서도 지명만을 가리키는 말로 사용하게 되었다. 이 우타마쿠라는 《만요슈》나 칙찬勅撰에 의한 와카집和歌集 시리즈인 '하치다이슈八代集'에 나온 지명이 중심이다. 이들 작품집에 나온 지명과 여타 지명의 차이점은, 전자가 문학사상의 지명이라는 사실에 있다. 최초에 어떤 지명이 누군가에 의해 와카에 읊어지고, 그것이 칙찬와카집에 실리게 되면, 그 영향으로 다른 다수의 가인歌人들이 반복해서 같은 지명을 읊게 되고, 그러는 중에 그 지명에는 고유의 어떤 정서가 정착하게 되는 셈이다. 이것이 문학사 속에서 더욱 성장하여 자리를 잡아 고착화되면, 이것이 바로 특정 정서가 부착된 지명으로서의 우타마쿠라가 되는 것이다. 따라서 이것이 쓰인 경우를 접했을 적에 그것을 단순한 지명의 사용으로 간과하면 안 된다. 와카 속에 사용된 이 우타마쿠라의 효과는, 이 지명과 관련하여 형성되어 왔던 예로부터의 미적 이미지의 오랜 축적을 작품 속에 내재시킬 수 있다는 것에 있다.

또 이것은 읊는 내용에 따라 양식화되어, 거기에 맞는 우타마쿠라가 대체로 정해져 있는 경우가 많았다. 예를 들면, 벚꽃이나 눈 관련의 내용이라면 그 명소인 '요시노야마

吉野山', 단풍 관련의 노래라면 그 명소인 '다쓰타야마竜田山', 변함없는 사랑을 노래하는 경우라면 이름에 관련 내용을 담고 있는 '스에노마쓰야마末の松山', 마음이 울적함을 노래한다면 이와 관련된 말인 '우시憂し'[23]가 동음이의어로 걸쳐져 있는 '우지야마宇治山'를 쓴다는 식으로 양식화되었던 것이다. 이와 같은 식이었으므로, 와카 작자들로서는 이 우타마쿠라에 관한 지식을 기본적으로 갖추고 있어야 했다. 이 우타마쿠라의 총 개수는 확실치 않으나, 에도江戸 시대의 학자 게이추契沖가 《쇼치쓰코모쿠로쿠勝地通考目録》라는 저서에서 든 우타마쿠라의 수는 약 2,600개 정도이다. 와카의 이러한 양식화된 측면에 대해서 메이지明治 시대에는 비판도 일어, 시인 마사오카 시키正岡子規 등은 와카 혁신 운동을 벌이기도 했다.

우타아와세歌合……와카로 행한 문학유희의 한 형태이다. 와카 읊는 사람들을 좌우 두 편으로 나누고, 작품의 우열을 판정하는 사람인 '판자判者'를 두어, 와카의 경합을 벌인 일종의 집단 문학 향연이다.

서로 한 수씩의 와카를 읊게 해서 그 우열을 판가름하고, 나중에 그 승패의 수치를 합산하여 전체의 승부를 결정짓는 식이 이 우타아와세의 기본 룰이다. 그 우열의 판정을 내리는 '판자'로서는 초기에는 신분이 높은 인물이 위촉되었으나, 헤이안 후기 이후에는 당대 와카 세계의 권위자가 위촉되었다. 판정의 형태로서는 판자 혼자 내리는 독판独判, 두 사람의 양인판両人判, 복수에 의한 중의판衆議判 등이 있었다고 한다.

발생의 기원에 관해서는 중국 등에 그 유례가 보이지 않아 그것을 미루어 헤아릴 수 있는 자료는 없지만, 9세기 말경으로부터 20세기 초두에 이르기까지의 약 11세기에 걸쳐 행해졌다는 정도는 파악되고 있다. 가장 성행했던 시기는 《신코킨슈新古今集》가 이루어졌던 중세 초기였으며, 이 시기에 현존 최대의 우타아와세인 《센고햐쿠반 우타아와세千五百番歌合》의 성립을 보게 되었다.

미야비雅び……일본 고전 문학 속에 나타난 미의식 중의 하나로, 세련되고도 도회적인 풍류심이 있는 행위를 가리킨 문학이념이다.

---

23 '뜻대로 안 되어 괴롭다'라는 뜻의 고어古語.

일본의 옛 귀족 문화 시대에 성립된 개념이며, 본래의 의미는 세련되고도 도회적인 행위를 가리키지만, 주로 헤이안 시대로부터 전해진 교토 문화의 특질을 가리켜 말할 때 쓰이는 경우가 많다. '미야비雅び'라는 말의 어원은, 경어인 '미御'와 건물의 뜻을 지닌 '야屋'가 합해져서 '미야宮'로 되고, 거기에 '…인 듯하다, …답다'는 뜻인 '비び'가 결합하여 이루어졌으므로, '宮인 듯하다, 宮답다'라는 뜻의 말이 되겠다. 따라서 다분히 궁정宮廷 또는 궁중 문화를 의식하여 이루어진 말인 것이다. 이처럼 궁중을 의식하는 것은, 궁중을 중심으로 한 공간, 즉 도시의 성립과 밀접한 관계가 있다. 궁중의 일에 종사하고 있는 다양한 사람들은 나름대로 생활의 이념을 필요로 해서 그것을 추구했고, 그 결과물로서의 문화적 이념이 바로 이 '미야비'였던 것이다.

이 이념이 처음 성립된 것은 헤이안쿄平安京 이전의 수도였던 헤이조쿄平城京에서였다. 그리고 교토에서 궁중의 대표적 이념으로 정착했다.

이 '미아비'라는 이념이 문학 작품 속에 나타난 대표적 예는 《이세 모노가타리伊勢物語》에서 찾을 수 있다. 이 작품에 실린 이야기들 중에서도 제1화(=초단初段)는 이 이념을 설명하기에 좋은 예다. 성인식을 맞이한 사내가 나라의 가스가春日 마을에서 우연히 본 두 자매에게 몹시 반해서, 느닷없이 입고 있던 옷의 자락을 잘라서는 거기에 연가恋歌를 적어 보냈다는 이야기가 적혀 있다. 그리고는 이야기의 말미에, "옛 사람들은 이리도 망설임 없이 신속한 미야비를 했다"는 평어評語가 첨언되어 있다. '옛 사람들은 그러했다'와 같은 표현의 이면에는 지금 사람들은 그렇지 못하다는 식의 일종의 개탄이 깔려 있어, '미야비'라는 것에 대한 당시 사람들의 관심도를 헤아릴 수 있다. 그리고 이 이념의 본질은, 대개 남자가 여자에게 보내는 세련된 애정 표현 행위와 밀접히 이어지고 있었음도 간과해서는 안 될 것이다.

이로고노미色好み……남녀간의 연애의 정서를 잘 이해하고 세련된 정취를 애호하는 것, 또는 그러한 사람을 '이로고노미色好み'라고 한다.

이는 후에 오리쿠치 시노부折口信夫와 같은 근대학자에 의해 '한 사람의 여성을 장악함으로써 그 배후에 있는 종교력을 바탕으로 한 통제권을 자유롭게 획득하는 것'으로 해석되었다. 그리하여 '이로고노미'를 갖춘 남성주인공으로서 《겐지 모노가타리》의

히카루 겐지光源氏를 내세웠다.

가케코토바掛詞……동음을 이용하여 하나의 단어에 둘 이상의 의미를 담아내는 기법이다. 《고킨슈古今集》 이래 와카에 다용된 표현기법이다.

예를 들어, '소나무'를 뜻하는 '마쓰松'는 '기다리다'는 뜻의 '마쓰待つ'와 그 음이 같다. 따라서 식물인 '소나무'를 읊으면서 기다리고 있는 모습을 담아내는 등의 수사가 가능한 것이다. 이러한 수사법을 가케고토바라 한다.

로에이朗詠……한시구漢詩句나 와카에 가락을 붙여 음송吟誦하는 형식으로 읊어졌던 일종의 가요이다.

이것은 헤이안 시대 전기부터 귀족들 사이의 하나의 여흥 수단으로서 행해졌다. 한시의 음영吟詠에 일정한 선율을 최초로 붙인 사람은 미나모토노 마사노부源雅信이며, 헤이안 시대 중기에는 귀족들 사이에 상당히 유행했다는 사실을 《마쿠라노소시》, 《에이가 모노가타리》 등의 고전을 통해서 엿볼 수가 있다. 또 그 다음 시대인 중세에 이루어진 《헤이케 모노가타리平家物語》를 보면, 귀족 이외에도 무사들이나 유녀遊女들 사이에서도 로에이가 행해진 것으로 기술되어 있어, 헤이안 말기 무렵부터는 귀족 이외의 계층에도 퍼져 있었음을 미루어 알 수가 있다. 그러나 중세 이후에는 점차 쇠퇴하여 겨우 명맥을 유지해 왔을 뿐이고, 오늘날 전해지고 있는 형태는 시를 3부로 나누어 그 각각을 독창이나 제창으로 읊는 형식이다.

와산和讚……불교에서는 부처 · 부처의 가르침 · 승려 세 가지를 가리켜 흔히 '삼보三宝'라 하는데, 이들을 찬양하는 노래를 와산이라 부르며, 7 · 5조의 운율을 기본으로 하고 있다. 범어梵語로 된 '범찬梵讚', 한어漢語로 된 '한찬漢讚'에 대응하는 말로, 일본(=和) 고유어로 된 찬가라는 뜻이다.

주로 종파의 개조開祖나 고승의 전기, 불교 경전의 해석 등을 그 내용으로 하고 있다. 헤이안 중기로부터 메이지 시대에 이르기까지 지어졌으며, 가장 성했던 시기는 불교적 사상이 만연했던 중세이다. 특히 가마쿠라 시대에 들어서 활발히 제작되었으며, 작자 중에는 고승이 많다.

대표적 작품으로는 헤이안 시대의 고승인 겐신源信이 지은 《고쿠라쿠로쿠지산極楽

六時讚》, 《라이고산来迎讚》, 중세 가마쿠라 시대의 고승인 신란親鸞이 지은 《산조와산三帖和讚》 등을 들 수 있다.

III 중세(中世) 문학

1. 개관

시대구분

가마쿠라鎌倉 막부가 열린 1192년으로부터 1603년 에도江戸 시대가 열리기 직전까지를 중세라 부른다. 좀더 구체적으로 말하면, 헤이안平安 말기의 혼란을 수습한 미나모토노 요리토모源頼朝가 가마쿠라에 막부를 개설해 무인정권 시대를 연 이후부터, 중세 말의 전국 시대를 최종적으로 평정한 도쿠가와 이에야스徳川家康가 지금의 도쿄 땅인 에도에 새로운 막부를 열기 직전까지의 약 400년간을 지칭한다. 이 중세라는 시대를 좀더 상세히 나눌 경우, 정치적 힘의 중심지를 기준으로 해서, 가마쿠라 시대・남북조南北朝 시대・무로마치室町 시대, 그리고 아즈치모모야마安土桃山 시대 등으로 세분되기도 한다.

정치적 배경

12세기 말의 미나모토源・다이라平 양 씨 간의 전란은 다이라 씨의 멸망으로 그 막을 내렸다. 그 결과 미나모토 씨의 우두머리인 요리토모頼朝는 본거지인 가마쿠라에 막부를 열게 되었고, 이로써 봉건체제 시대가 막을 열게 되었다.

그 후 호조北条 씨의 집권기를 합하여 가마쿠라 막부는 약 140년간 이어졌으며, 가마쿠라 막부가 쓰러진 후에는 조정朝廷이 교토에서 직접 약 3년간 통치를 했다.[1] 그 다음은 조정이 남과 북으로 갈라진 남북조 시대가 약 60년간 이어져, 일본 역사상 전무후무하게 동 시대에 천황이 둘씩 존재하는 해프닝이 벌어졌다. 서로 정통성을 주장하며 대립하다 보니 자연 크고 작은 전란이 잦았다. 고다이고後醍醐 천황이 1336년 요시노吉野로 거처를 옮긴[2] 이후 북조 5대[3] 남조 4대[4]의 천황이 이어졌다. 그 후 1392년 고코마쓰後小松 천황 때부터 다시 남북조는 합해졌다.

한편 아시카가 다카우지足利尊氏는 끊임없이 이어지던 전란을 평정하여 교토를 거점으로 무로마치室町 막부를 열어 약 200년간의 무로마치 시대의 개막을 선언했다.[5]

이 무로마치 막부 시대에 접어들어 초기에는 다소 안정되었으나, '오닌応仁의 난'[6]을 계기로 세상은 극도의 혼란에 빠져 하극상 풍조가 만연했다.

---

1 이것을 세칭 '겐무建武의 중흥中興'이라 부른다.

2 이것을 세칭 '요시노吉野 천행遷幸'이라 부른다. 북조를 옹립했던 아시카가 다카우지足利尊氏에 의해 쫓겨난 형국이었다.

3 고곤光厳 · 고묘光明 · 스코崇光 · 고코곤後光厳 · 고엔유後円融 천황.

4 고다이고後醍醐 · 고무라카미後村上 · 조케이長慶 · 고카메야마後亀山 천황.

5 일반적으로 무로마치 시대로 구분되는 연도는 1336년부터 1573년까지이다. 1336년은 다카우지가 정이대장군征夷大将軍이 된 해이며 쇼군将軍 요시아키義昭가 오다 노부나가織田信長에 의해 교토로부터 추방된 해이다.

6 오닌応仁 원년(1467년)으로부터 분메이文明 9년(1477년)까지의 11년 동안 교토를 중

그리고 오로지 힘으로 존재를 과시하는 군웅할거 형태의 '전국 시대戦国時代'로 접어들어, 1573년에 아시카가足利 씨에 의한 200년간의 무로마치 막부는 결국 막을 내려야만 했다.

이후 1573년부터 1600년 사이의 약 30년간 오다 노부나가織田信長・도요토미 히데요시豊臣秀吉・도쿠가와 이에야스徳川家康 등의 활약으로 통일의 기반이 다져진 '아즈치安土・모모야마桃山 시대'가 이어졌다. 이 시기에는 정치적으로 비교적 안정된 시기 속에서 비교적 찬란한 문화적 꽃이 피었다. 결국 이에야스家康가 최종적인 평정의 위업을 달성한 후 에도를 거점으로 한 에도 막부를 엶(1603년)으로써, 도합 약 400년간의 중세는 종막을 고하게 되었다.

사회적 배경

중세는 전란이 끊임없는 난세였다. 무사정권이 들어선 이래 점차 권력을 키운 가마쿠라 막부의 무사들은 종래의 권력 중심인 교토의 왕정 사회를 유명무실하게 만들었다. 종래의 장원荘園 제도는 무너지고, 새로이 중앙집권적인 봉건제도가 확립되었으며, 사회의 중심은 귀족으로부터 무가武家로 옮겨졌던 것이다. 도중에 일어났던 '조큐承久의 난'[7] 등은 지난날의 영화를

심으로 일어난 내란. 쇼군将軍 집안의 상속 문제, 관령管領 집안의 가독家督 문제 등으로 동서의 양군両軍으로 나뉘어 싸웠다. 이로써 막부의 권위는 거의 소멸되다시피 하고, 군웅할거 시대의 막이 오르게 된다.

7 조큐承久 3년에 해당하는 1221년 미나모토노 요리토모源頼朝가 죽은 후 막부 내에서 정쟁이 일자, 그 혼란을 틈타 고토바 상황이 막부 토벌의 기치를 내걸고 일으킨 내란이다. 결과는 실패로 끝나고, 고토바後鳥羽・쓰치미카도土御門・슌토쿠順徳 세 상황上皇은 유배에 처해졌다.

잊지 못한 귀족들의 덧없는 항거에 불과했다. 그러한 중심 이동의 구도를 전체적으로 본다면, 상류로부터 중류로, 소수로부터 다수자에게로, 도시에서 지방으로 이동됐다고 볼 수 있다.

교토의 무로마치에 막부를 개설하고부터는 무사들끼리의 싸움이 잇따라, 결국 전국을 둘로 나누다시피 한 '오닌의 난'으로 치닫고 말았다. 남북조 시대부터 일기 시작했던 하극상下剋上 풍조는 무로마치 말기에 극에 달하여 사회적 혼란을 가중시켰다.

문화적 배경

불교를 빼놓고 중세의 문화적 배경을 말할 수는 없다. 중세 사람들은 중고 말기의 처절한 겐페이源平의 전란을 겪었고, 중세에 이르러서도 크고 작은 동란을 잇달아 겪어야 했다. 이와 같이 계속되는 사회적 불안 속에서 사람들은 인생의 허무함을 절감하게 되고, 그에 비례하여 그들의 내면적 사색성도 또한 깊어져 갔다. 이러한 그들의 공허해진 마음에 무상無常의 이치와 내세의 행복을 내걸고 다가온 불교는 더없는 위안이 되었던 것이리라. 물론 이전의 중고 시대에도 불교는 존재하긴 했지만, 귀족 사회의 테두리 안에만 안주하여 무기력해져 있었던 탓에 서민들과는 다소 거리가 있었다. 이에 문제의식을 느낀 몇몇 고승高僧들이 중고 말의 호넨法然을 필두로 하여 개혁의 기치를 들고 일어났다.

중고 시대부터 이미 존재하던 정토교浄土教[8]는 호넨法然에 의해 정토종浄土

8 염불을 열심히 하면 이승의 삶을 마친 후 정토에 왕생할 수 있다고 설파한 종교.

宗[9]으로 분파되어 서민들로부터 각광을 받았다. 그리고 그 제자 신란親鸞에 의해서는 정토진종浄土真宗[10]으로, 가마쿠라 중기의 고승 잇펜一遍에 의하여 시종時宗[11] 등으로 분파되어 갔다.

이들 국내파 외에 중국 송나라에서도 유학승들에 의해 불교의 종파들이 전해졌다. 그중 대표적인 것이 에이사이栄西가 전한 임제종臨済宗[12]과 도겐道元이 전한 조동종曹洞宗[13]이었다. 이들은 좌선坐禅을 통해 깨달음을 얻고 성불을 이루려는 불교 종파인 선종禅宗의 분파들인데, 이로써 중세 사람들의 사색성은 더욱 깊어졌다.

이 밖에도 니치렌日蓮에 의한 일련종日蓮宗[14]이 새로이 열려 신흥 불교의 대열에 합류했다. 이들 신흥 불교들은 현세의 인간구제에 적극적인 면이

---

9 중고 시대의 고승 호넨法然이 "어려운 불교 계율을 잘 모르고, 조사造寺 · 조불造仏 등의 수고로운 불공을 드리지 않아도 오로지 '나무아미타불南無阿弥陀仏'만 열심히 외면 누구나 극락정토에 왕생할 수 있다"고 설파하며 1175년 개설한 정토교의 한 종파. 구제의 문턱을 쉽게 낮춘 것이어서, 서민 계층들로부터 열렬한 환영을 받았다.

10 정토종의 한 분파로, 호넨의 제자 신란이 1224년 창시했다. 신란은 스승 호넨의 정토종이 구제의 문턱을 너무 낮춘 것에 문제의식을 갖고, "왕생이란 그저 입으로 '나무아미타불'을 열심히 외는 것만으로는 되는 것이 아니고, 신심信心을 돈독히 하여 아미타불의 본원本願의 힘이 극락정토로 이끌어주어야만 이룰 수 있는 것이다"라는 가르침을 펼쳤다. 즉, 정토종이 염불 위주라고 한다면, 이 정토진종은 신심 위주의 종파라 할 수 있다.

11 잇펜이 1276년경 개설한 정토교의 한 종파. '임명종시臨命終時', 즉 평생이 임종이라 명심하고 염불에 전념할 것을 설파하였다. 수행 · 설법을 위하여 각처를 다니는 '유행遊行'을 불교 수행의 슬로건으로 내세워, 중세 말의 무사 · 서민들 사이에 널리 퍼졌다.

12 당나라 승려 임제臨済가 개조. 고토바 천황 재위 시인 1187년 승려 에이사이栄西가 송나라에 들어갔다가 선법禅法을 전수받아 1191년 귀국하여 전파했다.

13 도겐道元이 송나라에 들어가 여정선사如浄禅師로부터 선법을 전수받아 1227년경 일본에 전했다.

14 니치렌에 의해 1253년 열린 불교 종파. 법화경法華経을 주요 경전으로 삼으며, 인간이 현세의 육신 그대로 성불을 이룬다는 '즉신성불即身成仏'을 표방했다.

강하여, 서민들이나 무사들 사이에 널리 퍼졌다. 각 종파들의 개조開祖들은 가급적 쉬운 말로 풀어서 교리를 전하려 하여, 그들의 법어法語들은 사람들의 마음속 깊숙이 파고들었다.

이러한 신흥 불교들이 중세 문화의 기조를 형성했다는 사실은 말할 나위도 없겠다. 《헤이케 모노가타리平家物語》와 같은 이야기조의 작품을 비롯하여, 와카·렌가·설화 등의 모든 문학 장르의 사상적 토대가 되었다. 교토에서 꽃피었던 중고의 귀족 문화와는 달리, 가마쿠라에서는 소박하고도 남성적인 신문화, 즉 무가 문화武家文化가 은자隱者[15]·승려僧侶·귀족公家 등에 의해 이루어졌다.

이어 무로마치 막부가 교토에 개설되자, 교토의 지역적 특성이 작용하여 귀족 문화·무가 문화가 서로 영향을 주고받으며 결합되었고, 말기에 이르면서 중앙과 지방의 문화 교류가 더욱 활기를 띠어갔다.

이 무로마치 시대 200년을 이끌었던 아시카가足利 막부 정권은 난세의 파도에 일엽편주처럼 요동친 취약한 정권이었다. 제3대 쇼군 아시카가 요시미쓰足利義満에 의한 30년 치세 정도가 비교적 안정되어 있었으나 이 시기조차 그리 평온하지는 않았다. 쇼군 요시미쓰가 직접 군사를 이끌고 수시로 지방 시위를 다녀야 할 정도였다. 10년 넘게 계속된 '오닌의 난'이라는 유례없던 내란은 수도 교토를 초토화시켰다. 지방에서는 농민들의 폭동 바람이 드세게 불었고, 그때마다 중앙에서 부채 탕감을 선포하는 민심 무마용 '덕정

15 이들 은자隱者에는 귀족 사회로부터 탈락한 낙오자가 많았으며, 이들은 봉건 사회의 굴레로부터 벗어나 출가둔세出家遁世의 삶을 택한 지식인들이었다. 그들의 문학을 은자 문학隱者文学, 또는 초암 문학草庵文学이라 하며, 가모노 초메이鴨長明의 《호조키方丈記》나 요시다 겐코吉田兼好의 《쓰레즈레구사徒然草》 등이 대표적 작품들이다.

령德政令'을 내놓아야 했다. 하극상 풍조가 만연하고, 갖은 권모술수와 힘의 논리가 소용돌이쳤던 이 혼란스런 시대에, 200년간이나 정권을 유지한 것이 신기할 정도다.

그러나 그보다 더욱 신기한 것은, 일본 역사상 보기 드문 이 난세 속에서 오늘날 일본 문화의 밑바탕을 이루는 전통 문화의 반 가까이가 창출되었다는 사실이다. 그 대표적인 것만 해도, '이케바나生け花(꽃꽂이)', '다도茶道', '노能', '교겐狂言', '렌가連歌', '수묵화水墨画', '도코노마床の間'16 등등 일일이 다 들 수 없을 정도다. 일본인들이 간장이나 설탕을 먹기 시작한 것도 이 시대부터이며, 오늘날 일본인들의 식단에서 빼놓을 수 없는 낫토納豆 · 두부 · 만두와 같은 기본 요리도 이 시대에 나왔다. 중국과의 무역을 통하여 현대 일본인들의 골동품 취미의 원형이 형성되었던 것도 이 시대이며, 일본이 서양세계에 처음으로 알려진 것도 이 시대다. 일본 전통극으로서 가부키歌舞伎와 쌍벽을 이루는 노能는 간아미観阿弥 · 제아미世阿弥 부자에 의해서 완성되었으며, 다도茶道는 센노 리큐千利休에 의해 대성되어 일본 전통 문화의 한 축을 이루는 중요 문화유산들이 되었다.

이와 같은 눈부신 문화유산들을 창출해 낸 문화주역으로 귀족이나 은자 외에 무가武家나 선승禅僧을 빼놓을 수가 없다. 그리고 시대 말의 혼란상을 틈타 극에 치달았던 하극상 풍조는, 여태까지 지식인들의 그늘에 가려 있던 서민 문화 태동의 전주곡이 되었다고 볼 수 있다.

---

16 일본식 방의 객실에 설치하는 벽의 한 공간. 벽에는 족자를 걸고, 바닥에는 꽃이나 장식물을 놓아 꾸미며, 이쪽이 객실의 상좌上座가 된다.

풍토적 배경

전통적 중심지 교토와 새로운 행정 중심지 가마쿠라라는 두 중심축이 형성됨으로써, 왕래가 빈번해져 교통이 발달하게 되었다. 또, 비파법사琵琶法師(=盲法師) 등의 떠돌이 하급 승려들에 의해서 전국적 규모의 군키軍記(=전기戰記) 문학이 이야기 형식으로 행해졌으며, 그에 따라 풍토적 배경 또한 전국적인 것으로 되어갔다.

신도시 가마쿠라鎌倉의 형성배경

794년에 있었던 헤이안 천도 이래, 수도 헤이안을 중심으로 도회적이고도 귀족적인 문화・문학 활동이 꽃피었던 헤이안 시대(=중고 시대)는, 헤이안 말기에 와서 호겐保元 원년(1156년), 헤이지平治 원년(1159년)의 두 번에 걸친 내란(호겐의 난・헤이지의 난)을 겪으며 사회의 기반이 송두리째 흔들리게 되었다. 그리고 겐페이源平의 전란을 거쳐 결국 약 400년간의 왕조 시대는 막을 내려야 했다.

신도시 가마쿠라 형성의 주요 배경이라 할 두 내란, 즉 '호겐의 난'・'헤이지의 난'의 자초지종을 짚고 넘어갈 필요가 있겠다.

◆ 호겐保元의 난

도바鳥羽 상황上皇이 병으로 죽고 난 직후, 황위 계승 문제로 전직 천황인 형 스토쿠崇德와 현직 천황인 아우 고시라카와後白河 형제간에 다툼이 일어났다. 고시라카와後白河 천황의 다음 대를 누구에게 잇게 할 것인가 하는 문제가 싸움의 발단이었다. 여기에 귀족들도 편을 제각기 나누어 가담하여 서로 격렬히 대립했다.

1156년 7월 10일 형 측이 먼저 거병했으나, 그 이튿날인 7월 11일 동생 측이 감행한 야습夜襲이 승부를 갈랐다. 싸움에서 진 스토쿠인崇德院은 사누키讃岐(시코쿠四国에 있는 가가와香川현의 옛 지명)라는 곳으로 유배됨으로써 난리는 일단락되었다.

이때 천황 측의 장수로는 다이라노 기요모리平清盛[17]와 미나모토노 요시토모源義朝[18] 등이 활약하였다. 무가의 실력이 만방에 고해지고 무사계층이 중앙에 진출하는 계기가 된 내란이다.

◆ 헤이지平治의 난

1159년 12월, 고시라카와인後白河院의 총애를 받던 신하 후지와라노 노부요리藤原信頼가 같은 고시라카와인의 측근인 신제이信西[19]를 제거하려고 미

---

17 '호겐', '헤이지' 양대 내란을 진압한 공로로 급부상하여 중앙에 진출하였다. 처제와 딸을 천황의 후궁으로 시집보내어 천황과 인척관계를 맺으면서 그의 권세는 하늘을 찔렀다. 다이라平 씨 일가의 총수로서, 중고 말기의 약 20년간 권력의 정점에서 군림하면서 전횡을 일삼았다. 《헤이케 모노가타리》 전반부의 주인공이기도 하며, 흥망성쇠의 표본적인 삶을 살았던 희대의 풍운아다.

18 가마쿠라 막부를 연 요리토모頼朝와 다이라 씨 타도의 영웅 요시쓰네義経의 아버지이다. '호겐의 난' 때는 고시라카와後白河 천황 측 무사였는데, 그의 아버지 다메요시為義와 형제들은 반대파인 스토쿠인崇德院 측에 가담했다고 한다. 좀 잔인한 성향이 있었는지, 난리를 진압한 후 반대파에 가담했다 패한 아버지를 베었다고 전해진다. 훗날 '헤이지의 난' 때는 내란의 주모자가 되어 기요모리가 이끄는 진압군에 패하였다. 패하여 도주하기 전 교토에서는 딸을 죽이고, 동쪽 지방으로 도주하던 중 미노美濃에서 차남 도모나가朝長를 죽이고, 끝내는 오와리尾張에서 배반한 가신家臣의 손에 참살되고 목은 비참하게 효수梟首되는 등, 실로 엽기적이라 해야 할 말로를 걸었다. 셋째 아들 요리토모는 도망가다 붙잡혔으나 처형되지는 않고 이즈伊豆로 유배 보내졌다가, 나중에 가마쿠라에서 재기하여 세력을 키워 다이라 씨 일족을 타도하고 가마쿠라 시대라는 새로운 시대를 열었다.

19 그의 아내가 고시라카와 천황의 유모였던 관계로 천황 즉위 후 중용되어 권력을 얻게 되었다. 신제이信西는 법명으로, 속명은 후지와라노 미치노리藤原通憲이다. 박학다식한 인재였으나 천황을 믿고 권력을 휘둘러 주위로부터 반감을 많이 샀던 듯하다.

나모토노 요시토모源義朝를 끌어들여 일으킨 내란이다.

미나모토노 요시토모가 내란에 가담한 이유는, 이전 내란이었던 '호겐의 난' 때 같은 편으로서 함께 난리를 진압했던 기요모리清盛의 위세가 날로 드세어짐에 대한 경계와 불만 때문이었다고 한다.

반란군 측은 12월 9일 인院의 거처를 불태우면서 거병했으나, 12월 26일 결국 다이라노 기요모리에 의해 진압되었다. 결국 주모자인 후지와라노 노부요리는 처형되고, 거들었던 미나모토노 요시토모는 도망 다니다가 배반한 부하에게 참살되어 목이 효수됨으로써 난리는 수습되었다.

그로부터 수백 년이 지난 근세의 이야기지만, 여행 중에 이 요시모토와 관련된 유적지에 들렀던 근세의 방랑시인 바쇼芭蕉는 다음과 같은 하이쿠俳句를 읊었다.

義朝の	요시토모의
心に似た	심정과도 닮았네
秋の風	가을의 바람

(《노자라시키코野ざらし紀行》)

방랑객이 느끼는 가을바람의 스산함을 요시토모의 심정에 빗대어 표현하고 있다. 후세 사람들의 요시토모에 대한 인식의 편린을 엿볼 수 있는 작품이다.

신도시 가마쿠라鎌倉 탄생 이전의 시대 상황

두 번에 걸친 내란을 모두 수습하는 커다란 공을 세우고, 천황과 인척관계를 맺는 등으로 다이라노 기요모리의 위상은 급상승하여 그 위세가 하늘을 찌를 듯했다. 그리고 그에 따라 다이라 씨 일족도 중앙의 요직을 하나하나 독차지해 가며 영화의 극치를 누리게 되었다. 그러나 권력의 정점에 있던 기요모리는 덕치德治를 모르는 지배자였던 모양이다. 오히려 전횡을 일삼아 갈수록 왕도 교토는 피폐해졌고, 처제가 후궁으로 들어가 동서지간이 된 고시라카와인後白河院과의 관계도 악화일로의 길을 치달았다.

국정의 피폐와 독재자의 전횡을 보다 못한 고시라카와인은 급기야 기요모리 타도를 위한 물밑 작전을 시작했다. '시시가타니鹿ケ谷 사건'[20]도 그 일환으로 일어났던 사건이다. 그리고 지쇼治承 4년에 해당하는 1180년 5월에는 미나모토 씨源氏의 장수 중 한 사람인 요리마사頼政가 고시라카와인의 아들인 모치히토오以仁王를 옹위하여 다이라 씨 일족의 타도를 외치며 거병하기도 했다. 결국 요리마사頼政가 패사敗死하여 실패로 끝났으나, 모치히토오以仁王의 '영지令旨(명령을 전하는 문서)'는 요리토모頼朝・요시나카義仲 등의 각처의 미나모토 씨 세력을 봉기시키는 빌미를 제공했다.

이처럼 헤이케平家 타도의 움직임이 막 일기 시작할 무렵인 1180년 6월, 여러 가지로 세태가 흉흉하여 기요모리는 이것이 풍수지리와 관련된 문제라 여겼는지, 수도를 옮기면 좀 나아질까 하여 지금의 고베神戸 근처인 후쿠하라福原로 천도遷都를 강행했다. 그러나 천도란 그리 간단한 문제가 아니었고, 여론의 반대가 심하여 결국 천도 5개월 만인 같은 해 11월에 다시 교토로 돌아와야만 했다. 수도를 옮겼다가 다시 원래대로 되돌린 이 5개월 동안의

---

20 1177년(지쇼治承 원년), 고시라카와인의 측근인 후지와라노 나리치카藤原成親, 승려 슌칸俊寛 등이 인院의 칙지勅旨를 받아 시시가타니鹿ヶ谷에 있던 슌칸의 별장에 모여 헤이케平家 타도의 모의를 한 사건. 모임에 가담했던 자의 밀고로 실패로 끝나고 관련자들은 모두 기요모리清盛의 탄압을 받았다.

사태는, 수도 교토를 심각할 정도로 피폐시켰다. 이 이야기는 가모노 조메이鴨長明가 쓴 수필 《호조키》에도 언급되어 있어 그 피폐의 정도를 가늠케 해 준다.

미나모토 씨 중에서는 요시나카義仲가 먼저 거병하여 교토로부터 헤이케를 내쫓았다. 이 요시나카는 요리토모 형제와는 사촌관계였는데, 요리토모의 이복동생 요시쓰네가 이끄는 병력에 의해 토벌되었다. 요시나카 군을 제압한 요시쓰네는 서쪽으로 도주하여 호시탐탐 교토 재입성을 노리던 헤이케 토벌에 지체 없이 바로 돌입했다. 결국 최후의 일전인 '단노우라壇ノ浦의 전투'(1185년 3월)에서 헤이케 일족은 완패하여, 파란만장했던 헤이케 집안의 이야기는 멸족의 비극으로 종막을 고했다.

아버지 요시모토의 내란 가담 사건(헤이지의 난) 직후 그의 어린 아들 요리토모頼朝는 목숨을 부지하여 멀리 가마쿠라에서 어린 시절을 보냈다. 그곳은 결국 몰락한 미나모토 씨 재기의 터전이 되었고, 요리토모는 이곳에 근거지를 구축하여 힘을 축적해 갔다. 헤이케 씨를 몰락시키고 새로이 미나모토 씨 천하를 선포한 이후 가마쿠라는 새로운 권력의 구심점이 되었고, 행정의 중심지로서 급격히 활기를 띠어갔다. 이 시대의 가마쿠라에 관한 기록은 《가이도키海道記》, 《도칸키코東関紀行》, 《도와즈가타리とはずがたり》 등에 남아 있는데, 이들 기록을 통하여 수도에 비해 규모는 작아도 도시로서의 기능은 충분히 갖췄으리라는 점 정도는 추측이 가능하다. 신도시 가마쿠라는 이렇게 해서 태어났던 것이다.

2. 중세 문학의 전개와 특징

‖전개‖

가마쿠라 시대

전통 문학으로서는 와카 문학에 《신코킨와카슈新古今和歌集》(흔히 《신코킨슈新古今集》라 줄여 부름)가 집대성되었다는 것이 무엇보다 주목할 만하다. 이로써 《만요슈万葉集》에 보이는 소박 · 웅대 · 진실한 가풍歌風이나 《고킨슈》의 전아典雅 · 우미한 가풍 등과는 다른 한적 · 화려 · 유현幽玄한 새로운 가풍이 탄생되었다.

또한 수필 문학에 《호조키》가 씌어졌으나, 그 밖의 전통 문학으로서는 전대前代의 걸작에 필적할 만한 이렇다 할 작품이 나오질 않았다. 다만 이전 시대의 《곤자쿠 모노가타리슈今昔物語集》의 흐름을 이어받은 설화집 《우지슈이 모노가타리宇治拾遺物語》가 가마쿠라 초기에 성립된 것은 특기할 만하다.

그에 비해 신흥 문학으로서는 중세 문학을 대표할 만한 작품에 《헤이케 모노가타리》 등의 군키軍記 문학 작품들과 많은 설화집이 나왔다.

남북조南北朝 · 무로마치室町 시대

전통 문학으로서는 《교쿠요와카슈玉葉和歌集》, 《후가와카슈風雅和歌集》 등이 나와 와카의 수준이 이전보다 좀더 원숙해졌다는 평을 받고 있다. 또한 기타바타케 지카후사北畠親房가 쓴 《진노쇼토키神皇正統記》는 남조의 정통성을 신도神道에 입각하여 논한 사론서史論書로서 특기할 만하다.

수필 문학에는 《쓰레즈레구사徒然草》가 나왔으며, 그 밖에 교토와 가마쿠라의 고산五山을 중심으로 '고산분가쿠五山文学'[21]라 일컬어지는 승려들의 한문학이 융성했다.

신흥 문학으로서는 가마쿠라 말기로부터 무로마치 시대에 걸쳐 융성했던 렌가, 전통 극예술인 노能의 대본 요쿄쿠謡曲, 당시의 시대상을 해학적인 풍자로 표현한 교겐, 왕조 시대의 모노가타리와 근세 소설의 과도기적 문학 형태인 통속 단편소설 오토기조시御伽草子 등이 나왔다. 그 밖에 서양 선교사들의 도일渡日로 이들이 그들 나라의 문자로 일본 문학 작품을 표기한 '기리시탄吉利支丹 문학'[22]이 나왔다.

|특징|

이 시대의 문학은 전통적인 귀족 문화와 새로이 지방에서 일어난 서민 문화의 결합을 기반으로 하여 형성된 '신구新旧 문학의 결합체적인 문학'이

21 일본의 중세에 '고산五山'이라 불리는 선종禅宗 사찰의 승려들에 의해 이루어진 한시나 한문학을 가리키는 말이다. '고산'은, 가마쿠라 · 무로마치의 두 막부의 통제하에 있던 유력 사찰을 가리키는 말로, 교토 고산과 가마쿠라 고산이 있었다. 거기에 포함되는 사찰은 시대에 따라 다소 바뀌곤 했지만, 교토의 난젠지南禅寺 · 쇼코쿠지相国寺 · 겐닌지建仁寺 · 도후쿠지東福寺 등과 가마쿠라의 겐초지建長寺 · 엔가쿠지円覚寺 등이 포함되었다. 이들 사찰을 중심으로 종교색 짙은 고승들의 어록, 학문적 요소가 강한 경전이나 한문 서적의 주석서, 문예적 요소가 다분한 시문류詩文類, 정치적 요소가 강한 사찰 내의 공문서 등, 실로 다양한 분야에 걸친 문학적 · 학문적 성과가 이루어졌다. 이로써 중고 시대에서 중세로 이행하면서 쇠퇴했던 귀족 문화의 전통을 한시나 한문학의 측면에서 되살리는 역할을 이 고산 문학이 담당했던 셈이다. 고산 문학 흥륭의 선구적 역할을 담당했던 사람은 덴류지天竜寺의 무소 소세키夢窓疎石이며, 그의 대표작에는 법어를 담은 《무추몬도夢中問答》가 있다.

22 당시 기독교를 지칭하는 기리시탄キリスタン은 '吉利支丹', '鬼理死丹', '切死丹' 등으로 표기되었다.

란 데에서 우선 그 특징을 찾을 수 있다. 종래의 문화적 전통을 토대로 하고, 그 위에 새로운 지방 문화의 태동胎動을 간파하여 이 시대의 문학을 영위한 문화적 주체는 '은자隱者'들이었다. 따라서 이 시대의 작품에는 불교적 색채가 다분하여, 불교의 '제행무상諸行無常'과 '인과응보因果応報'의 사상이 짙게 깔려 있다. 또, 군키 모노가타리軍記物語라든가 렌가 등과 같이 공동제작의 경향이 현저해진 것도 이 시대 문학의 특징 중 하나로 덧붙여 지적할 수 있겠다.

3. 장르별 주요 작품

1)운문

| 와카和歌 |

가마쿠라 시대의 시작과 거의 때를 같이 하여 왕위에 오른 고토바後鳥羽 천황은 와카에 뛰어난 문인이기도 했다. 그는 많은 수작을 남겼으며, 당시 일본의 와카 세계에 절대적 후원자가 되어 주기도 했다. 그의 활약에 힘입어 중세 초기에는 '신고킨新古今 시대'라는 공전절후空前絶後의 와카 문학 전성기를 맞이하게 되고, 일류 가인歌人들이 많이 배출되었다.

이 시대를 대표하는 와카 작자로는 중고 말부터 중세 초에 걸쳐 활약했던 후지와라노 슌제이藤原俊成와 그 아들 후지와라노 데이카藤原定家를 들 수 있다. 이들 부자와 그 자손들이 한동안 중세의 궁중宮中 와카 세계의 종장宗匠적 지위를 차지하여 이 시대의 운문 세계를 이끌었다. 따라서 중세의 와카도 큰 틀에서 보면 이전 시대의 왕조적 전통을 계승했다고 볼 수 있다.

절대적 후원자인 고토바인後鳥羽院과 당시 와카의 리더 격인 데이카定家 등이 죽고 난 후에는 와카 문학은 점차 침체하기 시작했다. 여태까지 와카 세계를 이끌던 슌제이俊成·데이카定家 부자의 후손들도 점차 분열되어, 데이카의 손자 대에 이르러서는 니조케二条家·교고쿠케京極家·레이제이케冷泉家 등의 세칭 와카산케和歌三家로 나뉘어 대립했다(아래 〈가도계통도歌道系統図〉 참조). 그러다가 새로운 중세적 시가詩歌 형태인 렌가에 시가詩歌 문화의 주인 자리를 내주고, 와카 자체는 청신함을 잃고 한동안 침체의 늪에서 헤어나지 못하는 양상을 띠었다.

〈가도계통도歌道系統図〉

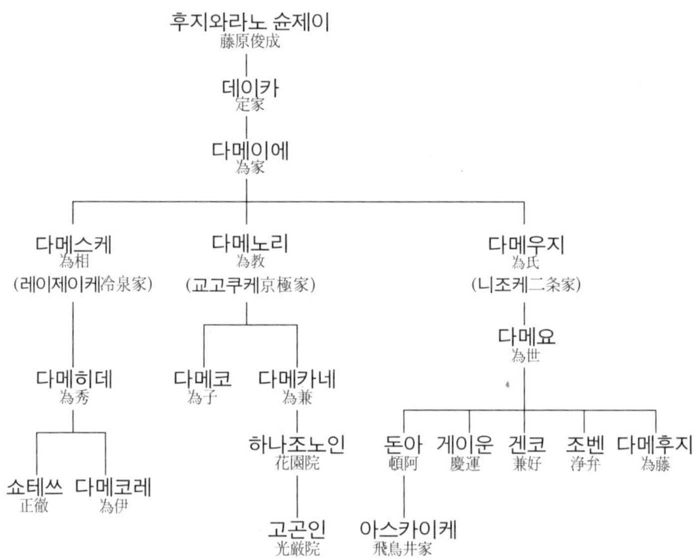

《신코킨와카슈新古今和歌集》

왕위를 물려주고 인院이 된 고토바인後鳥羽院은 1201년에 와카도코로和歌所[23]를 다시 설치해, 후지와라노 데이카藤原定家 · 미나모토노 미치토모源通具 · 후지와라노 아리이에藤原有家 · 후지와라노 이에타카藤原家隆 · 후지와라노 마사쓰네藤原雅経 · 자쿠렌寂蓮[24] 등에게 와카집 편찬을 명했다. 이들 6명이 편찬진으로 선택되었던 셈이다.

그리하여 4년 후인 1205년에 전체 20권이 일단 성립되고, 그 후 수년에 걸쳐서 보완을 거듭한 끝에 현재의 내용으로 정리되었다. 고토바인도 적잖이 손을 댔다고 전해진다. 《고킨슈》 이후 잇달아 나왔던 일련의 칙찬와카집 시리즈(통칭 '하치다이슈八代集')의 마지막 작품집 《신코킨와카슈》는 이렇게 성립되었던 것이다.

《만요슈》에 실렸던 작품이 여기에 실린 예는 있으나, 《고킨슈》 이후의 일련의 칙찬와카집에 수록되었던 작품은 배제되고, 주로 당대의 가인들이 읊은 작품을 중심으로 엮어졌다.

작품 수는 약 1,980수首이며, 《고킨슈》의 체제를 모델로 하고 있어 '마나조真名序',[25] '가나조仮名序'[26]가 있다. 단, 《고킨슈》의 분류 체제를 그대로 답습하면서도 추가로 '석교釈教'[27]의 부部를 신설한 점이 이채로우며, 당대当代의 작품을 우선적으로 채택하는 편집 방침도 엿보인다.

나중에 근세 하이쿠의 각종 미의식의 원천이 되었으며, 유현幽玄 · 화려華麗한 가풍은 후세 가인의 이상이 되었다는 평가를 받고 있다.

가풍歌風은 '신코킨초新古今調'라 불릴 만큼 시대적 특색을 띠고 있는데, 몇몇 항목

---

23 칙찬집勅撰集 편찬을 위해 설치된 관청. 951년에 처음으로 설치되어 벳토別当 · 가이코開闔 · 요리우도寄人 등의 직원이 있었다.

24 슌제이俊成의 조카로 슌제이가 키웠다고 한다. 출가하여 자쿠렌 법사寂蓮法師라 불리며, 섬세한 와카를 읊은 것으로 평가받고 있다.

25 한문으로 쓴 서문. 후지와라노 지카쓰네藤原親経가 썼다.

26 가나로 쓴 서문. 후지와라노 요시쓰네藤原良経가 썼다.

27 석가의 가르침이라는 뜻이나, 여기서는 불교적 내용을 담은 와카를 가리킨다.

으로 간단히 정리하면 다음과 같다.

1. 유현체幽玄体를 더욱 발전시킨 유심체有心体를 기조로 함.
2. 여운余韻과 뉘앙스를 중시하여 정취를 담고 있음.
3. 회화적 · 상징적 표현이 주종을 이루며, 적요감寂寥感 · 애수감哀愁感을 수반함.
4. 체언으로 끝내는 '다이겐도메体言止め'의 기법이 많음.
5. 수사修辞는 극히 정교해졌으며, 특히 '혼카도리本歌取り'[28]의 기법이 발달함.

대표적 가인歌人으로서는 후지와라노 데이카藤原定家, 후지와라노 이에타카藤原家隆, 후지와라노 요시쓰네藤原良経, 사이교西行, 지엔慈円, 고토바인後鳥羽院, 쇼쿠시나이신노式子内親王, 자쿠렌 법사寂蓮法師, 슌제이쿄노 무스메俊成卿女 등을 들 수 있다. 이 중에서도 사이교와 데이카 등은 특히 업적이 탁월한 가인들이어서 좀더 상세히 소개할 필요가 있다.

• 사이교西行

《신코킨슈新古今集》에 가장 많은 와카 작품이 실린 작자는 사이교이다. 그는 중고 말기인 1118년에 태어났는데, 중고 말을 휘저었던 헤이케平家의 풍운아 다이라노 기요모리平清盛도 이 해에 태어났으므로 둘은 동갑내기인 셈이다. 원래 속명俗名은 사토 노리키요佐藤義清였으나, 23세 되던 해에 출가하여 사이교西行라는 법명法名을 얻었다.

다이라노 기요모리와 동갑이라고는 하지만, 둘의 인생이 너무도 대조적이어서 관심을 끈다. 기요모리는 흥망성쇠의 표본을 보여 주며 파란만장한 삶을 살다 간 것에 비해, 사이교는 1190년에 생을 마칠 때까지 평생 달과 벚꽃을 노래하며 살았다. 그는 너무도 자연을 좋아하여 늘 방랑의 발길을 자연 속으로 향하며 살았다. 그가 얼마나 달과 벚꽃을 사랑했는지는 다음 와카를 통해 알 수 있다.

---

28 뒤의 '중세 문학 관련 주요 용어 해설' 참조.

ねがはくは　　　　내 바라건대
花のしたにて　　　벚꽃 나무 아래서
春死なん　　　　　봄에 죽고파
そのきさらぎの　　음력 이월 어느 날
望月の頃　　　　　보름달 뜰 무렵에

(《산카슈》 77번 노래)

우연인지 필연인지 그는 이 와카에 토로한 자신의 소망대로, 정확히 벚꽃 피는 음력 이월의 보름달 뜰 무렵인 1190년 2월 16일에 생을 마쳤다. 지역에 따라 벚꽃 피는 시기가 다소 차이가 나므로, 실제로 그가 죽을 당시에 벚꽃까지 피어 있었는지 어떤지는 알 수가 없으나, 일본의 기후풍토상 보름달과 벚꽃이 함께 어우러질 시기는 연중 이때밖에 없다. 이 무렵은 석가의 입적入寂 시기이기도 했기에, 그의 입적 소식을 들은 당시 교토 사람들이 무척 술렁거렸던 모양이다. 위의 와카처럼 자신의 희망대로, 그것도 석가의 입적과 때를 같이 하여 타계했기 때문이다. 당시의 최고 문인이었던 후지와라노 슌제이藤原俊成 이하 수많은 사람들도 감동하여 잇달아 와카를 읊어서 추모했다고 한다.

그가 평생 남긴 와카의 수는 2천 편이 넘는다. 이 작품들은 그의 가집 《산카슈山家集》, 《기키가키슈聞書集》 등에 주로 실려 있다.

그의 작품 세계의 근간을 이루는 것은 불교적 무상관이다. 그러한 무상관의 편린은 다음과 같은 작품 속에서 엿볼 수 있다.

風になびく　　　　바람에 날리는
富士の煙の　　　　후지산의 연기가
空に消えて　　　　허공에 사라져
行方も知らぬ　　　가는 곳도 모르는
わが思ひかな　　　나의 상념이로고

(《산카슈》 2138번 노래)

그 당시에는 후지산에 화산 연기가 아직 나오고 있었던 모양이다. 그 연기가 바람에 날려 허공에 사라져가는 모습을 보며, 그 연기처럼 사라져 가는 인생 역정의 덧없음을 노래한 것이라 해석된다.

• 후지와라노 데이카藤原定家

후지와라노 슌제이藤原俊成의 아들로 1162년에 태어나, 어릴 적부터 아버지의 지도와 영향하에서 자랐다. 20대 후반인 1190년경에 이미 가단歌壇의 중심이 되었으며, 고토바인後鳥羽院의 주목을 받아 《신코킨슈》 편찬을 위한 준비 기관이었던 와카도코로의 멤버가 되기도 했다.

그러나 나중에 《신코킨슈》의 첨삭 작업을 할 때부터 인院과의 관계가 악화되기 시작하여 상당히 심각한 지경까지 가기도 했던 모양이다. 따라서 데이카定家의 입지도 자연 좁아질 수밖에 없었는데, 그의 역경은 그리 오래 가지 않았다. 인院 측이 가마쿠라 막부를 타도하려고 일으켰던 '조큐承久의 난'이 인 측의 참패로 끝나고, 고토바인이 오키隠岐 섬으로 유배되자, 데이카의 입지는 다시 넓어지게 되었다. 이후 만년에 이르기까지 일본 와카 세계의 수장首長으로서 가계歌界를 이끌었다. 《신초쿠센와카슈新勅撰和歌集》의 편찬을 혼자서 하였으며, 《오구라햐쿠닌잇슈小倉百人一首》를 선정選定하는 등 혁혁한 업적을 남겼다. 그의 가집家集으로는 《슈이구소拾遺愚草》, 일기 작품으로는 《메이게쓰키明月記》 등이 유명하다.

旅人の	나그네의
袖吹き返す	소맷자락 뒤집는
秋風に	가을바람에
夕日さびしき	저녁 해 소슬한
山のかけはし	산 속의 구름다리

(《신코킨슈》 권 10)

이 작품은 그의 대표작 중 하나로, 여운과 뉘앙스를 중시하고 회화적이고 적요감寂寥感 · 애수감哀愁感이 느껴지며, 체언으로 끝내는 '다이겐도메'의 기법이 쓰였다는 등의 《신코킨슈》적 특색이 엿보인다.

가론歌論 · 가학歌学

중세에는 와카를 짓는 가인들의 수가 이전에 비해 늘어나, 와카 제작에 관한 이론을 적은 가론서歌論書가 많이 나왔다.

그중 대표적인 것이 후지와라노 슌제이藤原俊成의 《고라이후테이쇼古来風体抄》, 후지와라노 데이카藤原定家의 《긴다이슈카近代秀歌》와 《마이게쓰쇼每月抄》, 가모노 조메이鴨長明의 《무묘쇼無名抄》, 쇼테쓰正徹의 《쇼테쓰 모노가타리正徹物語》 등이다.

슌제이의 《고라이후테이쇼》는 1197년에 이루어졌으며, 《만요슈》로부터 《센자이슈千載集》에 이르기까지의 수작秀作을 들며 와카의 변천사를 논한 것이다. 그 아들 데이카의 《긴다이슈카》는 1209년 미나모토노 사네토모源実朝에게 써서 보낸 가론서로, 와카의 변천사와 '혼카도리本歌取り' 기법 등에 관해 수작을 들며 논한 작품이다. 또 《마이게쓰쇼每月抄》에서 데이카는 감동과 여정을 중시하는 '우신타이有心体'의 중요성을 주장하고 있다.

렌가連歌

와카로부터 파생되었으며, 와카의 가미노쿠上句에 해당하는 '5 · 7 · 5'와 시모노쿠下句에 해당하는 '7 · 7'을 여러 사람 또는 혼자서 번갈아 가며 이어 읊는 시가詩歌의 형태이다.

이어 읊을 때의 기본적인 규칙은, 바로 직전 또는 그 앞의 내용과 어떤

식으로든 연관성이 있는 표현을 반드시 넣어야 한다는 것이다. 그래서 마치 병풍의 그림들이 옆의 그림과 서로 긴밀히 이어지듯이, 이웃한 작품들끼리 어떤 연관성을 유지하며 5・7・5와 7・7의 운율에 맞추어 연달아 읊는 형식이다.

이 5・7・5와 7・7의 창화唱和가 단 한 번만으로 끝나는 '단렌가短連歌'와 이 창화가 계속적으로 이어지는 '조렌가長連歌'의 두 형태가 있었으나, 일반적으로 렌가連歌라 부를 때는 '조렌가'를 가리킬 경우가 많다. 처음에는 단렌가가 유행했으나, 중고 말경에 조렌가도 발생하게 되었다. 조렌가는 가마쿠라 시대에 들어서 급속히 유행하기 시작했다.

가마쿠라 초기인 고토바인後鳥羽院 무렵, 렌가의 작풍은 크게 두 가지로 나뉘었다. 뭔가 내용이 있는 우아優雅 중심의 '유심파有心派'29와 별 내용이 없고 익살과 해학만을 추구하는 골계滑稽 중심의 '무심파無心派'30의 두 파로 나뉘어 서로 대립했던 것이다. 전자의 렌가를 '우신렌가有心連歌', 후자의 렌가를 '무신렌가無心連歌'라 구분하여 부른다.

이 렌가라는 문학 형태가 특히 유행했던 때는 중세 중기 이후인 남북조 시대와 무로마치 시대로, 당시 렌가 작자들은 앞뒤 구句의 언어적・의미적 연관성을 유지하며 표현하는 '쓰케아이付合'의 재미에 빠져, 전성기에는 와카의 인기를 능가할 정도로 성황이었다.

---

29 우아한 풍취를 중시한 내용('心')이 있는('有') 작풍을 추구한다고 하여 이름 붙여진 유파이며, 씨가 있는 과일인 감에 비유하여 '가키노모토 파柿本派'라 칭하기도 했다. 이에 비하여 해학 위주의 내용 없는 작풍 취향의 유파를 '무심파無心派'라 하며, 속에 씨가 없는 과일인 밤에 비유하여 '구리노모토 파栗本派'라 부르기도 했다.

30 앞의 주 참조.

그리고 무로마치 시대의 초기에 니조 요시모토二条良基가 우신렌가有心連歌의 기초를 확립하고, 그 계통을 이어받은 소제이宗砌 · 신케이心敬가 우신렌가를 더욱 발전시켜, 무로마치 중기에 소기宗祇에 의해서 우신렌가는 예술적 완성을 보게 되었다. 그러나, 소기 이후에는 우신렌가는 점차 쇠퇴하여 멸절되고, 무로마치 말기에 들어 야마자키 소칸山崎宗鑑 등에 의해 무신렌가無心連歌가 다시 일어났다. 그러나 근세에 들면서 이 무신렌가의 작풍은 하이카이俳諧[31]에 승계되고, 렌가라는 문학 형태 자체는 결국 소멸되고 말았다.

그 소멸의 근본적 원인은, 독자적 형식을 지향하면서도 와카와 다름없는 운치('미야비雅び')를 추구한다는 모순성에서 찾을 수 있을 것이다. 렌가에서 강요하는 제한적 법식의 틀은 생각의 자유로움 속에서 발휘되고 추구할 수 있는 운치의 세계를 차단시키는 역할을 했던 것이다. 결국 무로마치 말기에는 같은 형식으로 속俗의 세계를 지향하는 하이카이 쪽에 밀려, 렌가는 역사 속으로 사라지고 말았던 것이다.

이 렌가 작품들을 모은 주요 작품집에는 다음과 같은 것들이 있다.

《**쓰쿠바슈**菟玖波集》

전 20권으로 된 준칙찬準勅撰[32] 렌가집連歌集이다. 1356년 니조 요시모토二条良基 · 구사이救済 등이 편찬하였다. 최초의 렌가집으로서 상대上代로부터 당대当代까지의 작품을 집대성한 것이다. 가나로 된 서문인 '가나조仮名序'와 한문으로 적힌 서문

31 하이쿠俳句와 렌쿠連句(두 사람 이상이 서로 번갈아 가며 한 구句씩 읊은 일종의 연시聯詩를 포괄적으로 부르는 총칭. 처음에는 해학과 풍자를 지향한 유머를 작품 제작의 기본으로 했다.

32 칙찬와카집의 분류 체제에 준한다는 뜻.

인 '마나조真名序'의 형태를 갖추고 있다.

《**미나세산긴햐쿠인**水無瀨三吟百韻》

1488년에 소기宗祇 · 쇼하쿠肖柏 · 소초宗長 등이 편찬하였다. 고토바인後鳥羽院의 위패를 모신 미나세진구水無瀨神宮에서 읊은 호라쿠렌가法楽連歌[33]이다. 후세의 렌가시連歌師(렌가 작자)에 의해 렌가의 모범적 전형典型으로서 존중되었다.

《**신센쓰쿠바슈**新撰菟玖波集》

전 20권으로 된 렌가집이다. 1495년에 이치조 후유라一条冬良 · 소기 등이 편찬하였으며, 소제이宗砌 이후의 약 60년간의 대표적 렌가를 수록하였다. 렌가의 원숙기의 작품집으로 가장 충실하고 완결되어 있다는 평가를 받고 있다.

《**신센이누쓰쿠바슈**新撰犬筑波集》

1539년경 야마자키 소칸山崎宗鑑이 편찬한 것으로, 한 권으로 이루어진 하이카이렌가집俳諧連歌集이다. 소탈하고 해학적인 분위기를 띠는 하이카이렌가들이 수록되어 있으며, 근세近世 하이카이의 모태가 된 작품집이라 평가되고 있다.

주요 렌가론서連歌論書

니조 요시모토二条良基 · 신케이心敬 · 소기宗祇 · 조하紹巴 등은 렌가를 짓는 작자이면서 렌가를 읊을 때의 이론적인 측면을 적은 렌가론서連歌論書를 지어 사람들에게 지도해 주기도 했다. 그 주요 렌가론서로서는 니조 요시모토의 《렌리히쇼連理秘抄》, 《쓰쿠바몬도筑波問答》, 신케이의 《사사메고토ささめごと》, 소기의 《아즈마몬도吾妻問答》 등을 들 수 있다.

---

33 불전仏前 또는 신전神殿에 봉헌하는 렌가.

가요歌謡

엔쿄쿠宴曲

헤이안 시대의 이야기나 《백씨문집白氏文集》에서 제재를 취하고, 7·5조의 미사여구를 반주에 맞춰 연회석에서 읊은 것으로, 귀족·무사·승려 등 폭넓은 계층이 그 주체가 되었다. 기존 가요의 한 형태인 이마요今様보다 빠르다는 의미에서 소카早歌라고도 불렸다. '미치유키분道行文'[34]이나 '모노즈쿠시物尽くし'[35] 형태의 내용이 많아 훗날 노能의 대본인 요쿄쿠謡曲에도 적잖은 영향을 미쳤다. 묘쿠明空[36]가 대성자大成者이며, 그가 작품들을 모아 엮은 《엔쿄쿠슈宴曲集》가 남아 있다.

고우타小歌

무로마치 중기 무렵에 긴 형식의 가요에 식상한 사람들 사이에서 유행하기 시작하여 소카의 인기를 압도했다. 남녀간의 연애감정을 읊은 것이 중심을 이루고 있어, 당시 서민들의 감정을 엿볼 수 있는 자료를 제공해 주고 있다. 이 고우타의 작품집으로서는 1518년 어느 은둔자가 모은 것으로 추정되는 《간긴슈閑吟集》가 유명하다.

---

34 가는 도중의 지명이나 경치·여정旅情 따위를 글로 읊은 운문. 엔고縁語·가케코토바掛詞 등의 기교를 많이 썼으며, 7·5조의 운율이 주종을 이루었다.

35 같은 종류의 것을 모두 다 열거하는 것. '하나즈쿠시花尽くし', '구니즈쿠시国尽くし' 등등.

36 고전·한적漢籍·불전仏典 등에 능통하여 수많은 엔쿄쿠를 지었다.

2)산문

중세에는 이전에 있었던 전통적 모노가타리 형태에 더하여, 새로이 군키 모노가타리軍記物語라는 형태가 이루어졌다. 이는 센키 모노가타리戦記物語라고도 하며, 말 그대로 전쟁 관련의 역사적 사실을 토대로 다소의 허구를 가미하여 이루어진 모노가타리이다. 이들을 우선 간단히 도식화하고, 각 장르별로 순차적으로 설명해 가기로 한다.

〈중세 모노가타리 문학의 종류〉

- 신흥 모노가타리 —— 군키 모노가타리軍記物語(센키모노가타리戦記物語)
- 전통 모노가타리 ┬ 세쓰와 모노가타리説話物語
  - ├ 레키시 모노가타리歴史物語
  - └ 쓰쿠리 모노가타리作り物語 (기코 모노가타리擬古物語, 오토기조시御伽草子)

▌군키 모노가타리軍記物語▐

중고 말기의 겐페이源平 양 씨 간의 사활을 건 전란을 위시하여 갖가지 크고 작은 동란을 겪고 난 후인 중세에는, 전란을 소재로 한 모노가타리가 새로이 나왔는데, 이를 군키 모노가타리 또는 센키 모노가타리戦記物語라 부른다. 이들 모노가타리들은 실제로 전투에 참여했던 무사들의 회상담이나 목격담 등을 짜깁기한 것으로, 다수의 비파법사琵琶法師[37]들에 의해 각지에 유포

37 비파를 연주하며 이야기보따리를 풀어놓는 것을 업으로 삼았던 하급 승려. 전쟁 이야기는 재미가 있을 뿐더러, 흥망성쇠의 이야기 전개가 불교적 무상관을 밑바탕에 깔고 있기에, 이들 하급 승려들로서는 밥벌이와 포교의 두 가지 목적을 동시에 노릴

되면서 첨삭 과정을 거쳐 성립된 것으로 보인다. 따라서 그 작자가 누구인지, 또 성립 연대가 정확히 언제인지를 확정 짓는 것은 불가능에 가깝다. 이 장르의 이해를 돕기 위해 그 특색과 계보를 간단히 정리하고, 관련 작품들을 하나하나 설명해가는 것으로 전체 설명에 대신하고자 한다.

〈군키 모노가타리의 특색〉

1. 전란의 사실史實에서 소재를 취했으며, 거기에 다소의 각색을 더했다.
2. 흥망성쇠하는 인물들의 묘사를 극적으로 묘사했다.
3. 불교 사상이 근저를 흐르며, 국민 문학으로 발전하여 많은 이본異本이 나왔다.
4. 문체는 일문日文과 한문漢文이 섞여 있는 '와칸콘코분和漢混交文'이다.

〈군키 모노가타리의 계보〉

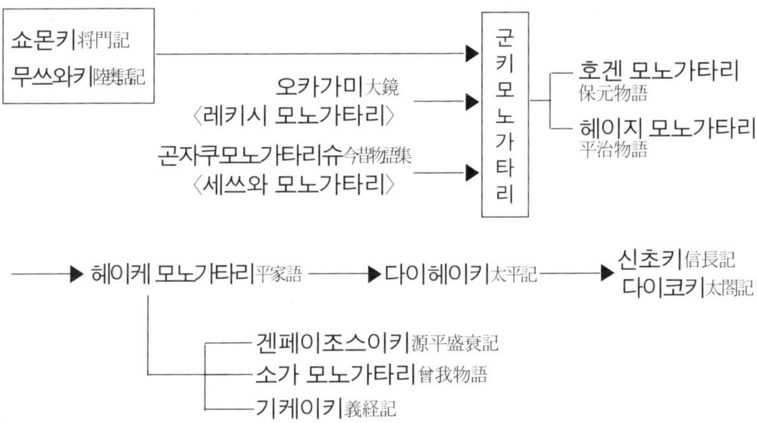

수 있는 더없이 좋은 소재가 되었다. 이들 비파법사들은 대개 눈이 먼 장님들이었는데, 수많은 등장인물들이 명멸明滅하는 기나긴 전쟁이야기를 거의 틀리지 않고 잘 외었다고 한다.

《호겐 모노가타리保元物語》

전 3권으로 이루어진 군키 모노가타리이다. 작자는 미상이며 성립 시기는 가마쿠라 초기로 보이나 이 또한 확실치는 않다. 1156년에 일어났던 '호겐의 난'을 중심으로 그 전후前後의 경위를 이야기식으로 적은 것이다.

《헤이지 모노가타리平治物語》

전 3권으로 이루어진 군키 모노가타리이다. 작자에 관해서는 밝혀진 바 없으나 《호겐 모노가타리》의 작자와 같은 사람일 것이라 추측되며, 성립 시기도 비슷할 것으로 추측되고 있다. '헤이지의 난'을 중심으로 장렬한 전투 양상이 그려져 있다.

《헤이케 모노가타리平家物語》

전 12권으로 된 군키 모노가타리이다. 상세히 설명할 필요가 있는 중요 작품이라 몇 가지 항목으로 나누어 설명하기로 한다.

• 작자

작자에 관해서는 이렇다 할 유력한 설은 없으나, 요시다 겐코吉田兼好의 수필 《쓰레즈레구사》에 '시나노노 젠지信濃前司[38] 유키나가行長'라는 사람이 쇼부쓰生仏라는 비파법사가 암송하는 이야기를 받아 적었다는 내용이 적혀 있어 관심을 끈다. 그러나 이 기사만으로 작자를 단정 짓기는 아직 이르고, 다만 비파법사에 의해 '헤이쿄쿠平曲'[39]로 사람들 앞에서 이야기되는 사이에 수많은 사람들에 의해 수정이 가해졌을 것이라는 추정만이 가능할 따름이다.

• 성립

성립 연대는 확실치 않으나, 1219년에서 1222년 사이의 조큐承久 연간年間에는 원형적인 것이 성립되었을 것이라 추측되고 있다. 처음에는 세 권 체재였을 것이라 추정되나, 나중에 《엔교본延慶本》(6권)·《유포본流布本》(12권)으로 증보增補되어 이윽고 《나가토본長門本》(20권)으로까지 성장했던 것으로 보인다.

---

38 시나노信濃 지방의 전임前任 '고쿠슈国守'(지방 장관)'라는 뜻.
39 비파를 반주로 하여 《헤이케 모노가타리》를 곡조를 붙여가며 읊는 것.

· 내용

불교적 무상관을 중심으로 헤이케平家 일족의 영고성쇠栄枯盛衰가 그려져 있다. 헤이케의 등장과 영화로웠던 이야기로부터 시작하여, 다이라노 기요모리平清盛의 전횡, 기소 요시나카木曾義仲 · 미나모토노 요시쓰네源義経 등을 필두로 한 겐지源氏 일가의 봉기, 곳곳에서 벌어졌던 겐페이源平 양 세력 간의 전투, 1185년 '단노우라壇ノ浦'에서의 패망, 겐레이몬인建礼門院의 출가와 죽음 등의 순으로 기술되어 있다.

현존하는 수많은 이본異本들은 크게 두 가지로 나뉘는데, 이야기될 것을 전제로 엮어진 '가타리본語り本 계통'본과 읽힐 것을 전제로 엮어진 '요미혼読み本 계통'본으로 대별된다. '기타리본 계통'의 대표 격은 《가쿠이치본覚一本[40] 헤이케 모노가타리》이며, '요미혼 계통'의 대표 격은 《엔교본延慶本 헤이케 모노가타리》이다.

주인공으로서는 다이라노 기요모리 · 기소 요시나카 · 미나모토노 요시쓰네 등이 차례로 등장하며, 그 밖에도 수많은 무사들의 성패담과 여성들의 비화悲話 등을 운문조의 문장을 섞어가며 그리고 있어, 전체적으로 한 편의 서사시적인 분위기를 띠고 있다.

· 문체

운문과 산문을 교묘히 뒤섞어 장면에 따라 변화의 묘미를 더하는 문체이며, 대표적인 '와칸콘코분'으로 적혀 있다.

· 평가

군키 모노가타리 중에서 최고의 걸작이며, 전쟁 이야기를 서사적으로 그리고 있으면서도 운문조도 간간이 뒤섞인 문체가 시적인 분위기를 더하여, 대서사시라는 평가를 받기도 한다. 요쿄쿠謡曲 · 고와카부쿄쿠幸若舞曲 · 조루리浄琉璃 등의 후세 문학이나 예능 분야 등의 후세 문화에 끼친 영향은 실로 지대하다.

---

40 14세기 후반, 승려 가쿠이치覚一에 의해 12권 체재의 뒤에 '간조노마키'灌頂巻'라는 별권이 하나 더 붙는 형태로 이루어진 소위 '이치카타류一方流'의 '가타리본'에 대한 명칭. 좀더 후에 유행한 《유포본流布本》은 이 《가쿠이치본覚一本》을 토대로 하여 당시의 용어나 문맥이 혼입되어 이루어졌다는 결점은 있으나 이전보다 세련되어 《헤이케 모노가타리》의 대표 격으로 일반인들에게 널리 알려졌다.

《겐페이조스이키源平盛衰記》

전 48권으로 이루어진 군키 모노가타리이다. 작자와 성립 시기에 관해서는 밝혀진 바 없다. 《헤이케 모노가타리》와는 거의 내용이 비슷한 사촌 격인 작품으로, 일종의 《헤이케 모노가타리》 이본異本이라 할 수 있다. 부수적인 설화說話라든가 삽화挿話가 많아 전체적으로 구성이 산만하며, 시적詩的 운치가 결여되어 있는 것으로 평가되고 있다.

《다이헤이키太平記》

전 40권으로 이루어진 군키 모노가타리이다. 작자는 고지마 법사小島法師라고 하나 그 밖의 몇 사람도 손을 댄 것으로 추측되고 있다. 성립 시기가 1371년경으로 추측되기도 하나 확실치 않다. 남북조 50여 년의 난세를 소재로 한 작품이다. 제목과 달리 내용은 난세의 전쟁 이야기가 대부분을 차지하며, 객관적 시각으로 묘사하고 있다. 와칸콘코분으로 되어 있으며, 호쾌하고도 화려한 필치로 평가받고 있다. 무사도 정신을 주장하는 내용을 담고 있어, 후세 일본인들의 무사도 정신의 연원淵源을 여기서 찾는 사람들이 적지 않다.

《기케이키義経記》

전 8권으로 된 군키 모노가타리이다. 작자는 미상이며, 성립 시기는 무로마치 중기라 추측되고 있다. 요시쓰네義経의 전설을 집대성한 형태이며, 비극적인 영웅의 생애를 동정적으로 그리고 있다.[41] 문학적 가치는 적으며, 후세에 나온 '호간모노判官物'[42] 계통의 문학이나 연극에 미친 영향이 크다.

《소가 모노가타리曾我物語》

전 12권으로 구성된 군키 모노가타리이다. 작자는 미상이며, 소가曾我 형제가 18년 동안의 와신상담 끝에 아버지의 원수를 갚는다는 이야기이다. '소가모노曾我

41 약자나 패자를 동정하는 심리를 가리키는 '호간비이키判官贔屓'라는 말은, 요시쓰네義経의 직위가 '호간判官'이었던 관계로, 이 요시쓰네 같은 불우한 영웅을 동정한 데서 나온 말이다.

42 요시쓰네를 주인공으로 하여 나온 작품들을 가리키는 말.

物'[43]로서 후세의 문학 · 연극에 다대한 영향을 끼쳤다. 중세 초기의 가마쿠라鎌倉 무사 사회를 생생하게 그리고 있어, 가마쿠라 무사단 전체의 이야기적인 성격도 띠고 있다.

세쓰와 모노가타리說話物語

중세의 설화집에는 갖가지 설화를 모아 엮은 일반 설화집, 귀족 사회의 설화만 모은 귀족 설화집, 불교적 내용을 담은 설화들을 모은 불교 설화집 등이 있다. 이 중 일반 설화집과 귀족 설화집을 뭉뚱그려 세속 설화로 칭하는 것이 일반적이다. 중세적 특색을 담은 것은 불교 설화 쪽이나, 세속 설화도 당시의 서민 생활을 엿볼 수 있게 해 주는 소중한 자료가 된다. 이들 설화 작품집들을 간단히 도식화하면 다음과 같으며, 여기에 제시된 작품들을 하나하나 순차적으로 설명해 가기로 한다.

〈중세의 세쓰와 모노가타리說話物語〉
· 세속 설화 : 우지슈이 모노가타리宇治拾遺物語, 짓킨쇼十訓抄, 고콘초몬주古今著聞集
· 불교 설화 : 호부쓰슈宝物集, 홋신슈発心集, 센주쇼撰集抄, 샤세키슈沙石集

《우지슈이 모노가타리宇治拾遺物語》

모두 196단段으로 구성되었으며, 그중 80여 단은 《곤자쿠 모노가타리슈今昔物語集》의 내용과 거의 중복된다. 불교 · 와카 · 영웅 관계의 설화가 많으며, 중고 시대의 《곤자쿠 모노가타리슈》와 더불어 설화 문학의 대표적 작품이다.

43 소가 형제 이야기를 소재로 한 희곡 작품의 총칭. 노能 · 조루리浄瑠璃 등으로 상연되는 《겐푸쿠소가元服曾我》 · 《요우치소가夜討曾我》 등이 유명하다.

《짓킨쇼十訓抄》

10가지 덕목과 관련되는 일본 · 중국의 고사를 담았으며, 일본 최초의 교훈서로서 평가되는 작품이다.

《고콘초몬주古今著聞集》

1254년 다치바나노 나리스에橘成季에 의해 편집되었다. 관현을 다룰 줄 알았던 편자에게는 왕조 문화의 진수를 후세에 전하겠다는 의욕이 있었던 모양으로 전체적으로 귀족적 색채가 농후하다.

《호부쓰슈宝物集》

'불교야말로 이 세상의 보물'이라는 뜻의 책 이름에서 알 수 있듯이 불교학의 개설서라 할 수 있다. 작자는 다이라노 야스요리平康頼이며, 일본뿐만 아니라 중국 · 인도의 불교 설화까지도 모아 문답 형식으로 기술하고 있다.

《홋신슈発心集》

가마쿠라 초기에 가모노 조메이鴨長明에 의해 성립된 것으로 전해지며, 일본의 발심둔세자発心遁世者의 왕생 사례를 모은 불교 설화집이다. 《호조키》 집필 후에 씌어진 것으로 보인다.

《센주쇼撰集抄》

사이교西行에 의해 1183년 성립된 것으로 되어 있으나 확실치 않다. 100여 개의 불교 설화가 수록되어 있으며, 수필적인 내용도 담고 있다.

《샤세키슈沙石集》

1283년 무주 법사無住法師에 의해 성립된 불교 설화집으로, 선행先行 설화나 작자가 직접 보고 들은 이야기들을 모아 엮은 불교입문서이다.

레키시 모노가타리歷史物語 · 사론서史論書

중세에 들어 사람들의 역사에 대한 인식이 높아졌는지, 레키시 모노가타리歷史物語뿐만 아니라 역사를 논한 사론서史論書도 새로이 나왔다. 레키시 모노가타리 작품으로는 이전 시대의 《오카가미大鏡》, 《이마카가미今鏡》의 흐름을 잇는 《미즈카가미水鏡》, 《마스카가미增鏡》 등이 나와 '가가미鏡' 시리즈를 마무리 지었으며, 사론서史論書로는 지엔慈円의 《구칸쇼愚管抄》, 남조南朝의 귀족 기타바타케 지카후사北畠親房에 의한 《진노쇼토키》 등이 나왔다. 이들 사론서의 저자들은 애당초 문학 작품을 쓴다는 생각으로 집필한 것은 아니었겠지만, 역사를 논하는 논조라든가 사건에 관한 구체적 기술 등에는 뛰어난 문학성이 돋보여, 문학 작품으로서도 인정받을 만하다는 평가를 받고 있다.

《미즈카가미水鏡》

작자와 성립에 관해서는 밝혀진 바 없다. 《오카가미》를 모방한 구성이며, 진무神武 천황으로부터 닌묘仁明 천황에 이르기까지의 사적事跡을 기술하였다. 시쿄四鏡(오카가미 · 이마카가미 · 미즈카카미 · 마스카가미) 중 문학적 가치는 가장 낮은 것으로 평가되고 있다.

《마스카가미增鏡》

작자와 성립에 관해서는 밝혀진 바 없으나 니조 요시모토二条良基가 오안応安 연간(1368-1375년)에 썼다는 설이 유력하다. 고토바後鳥羽 천황의 탄생으로부터 고다이고後醍醐 천황 때까지의 150여 년간의 역사를 적었다. 《오카가미》를 모방한 구성으로, 교토의 세이료지清凉寺에서 늙은 비구니가 이야기하는 형식을 취하고 있다. 무가武家의 횡포와 황실의 쇠잔을 개탄하고 있으며, 조정朝廷과 무가 사이의 싸움을 상세히 기술하고 있다.

《구간쇼愚管抄》

지엔이 지었으며, 1220년(조큐承久 2년)에 성립되었다. 불교적 세계관에 토대를 둔 '도리道理'란 것에 역사를 이끄는 힘이 있다는 사상에 근거하여 기술한 사론서이다. 진무 천황으로부터 준토쿠順徳 천황 때까지를 편년체로 기술하고 있다.

《진노쇼토키神皇正統記》

동시대에 두 천황이 공존했던 남북조 시대가 시작된 지 약 3년 뒤인 1339년에, 남조南朝의 충신 기타바타게 지카후사北畠親房가 신대神代로부터 고무라카미後村上 천황까지의 사적事跡을 약술하고, 국체国体의 유래를 논함으로써 남조의 정통성을 주장하려 한 사론서이다. 일본 근세 사학史学의 모태가 되었으며, 메이지 유신明治維新의 사상적 원동력이 여기에 있었다는 평가를 받기도 한다.

기코 모노가타리擬古物語

가마쿠라 시대에는 왕조 문학의 쇠퇴로 창작력의 발판을 잃은 조정의 작가들이 《겐지 모노가타리》를 비롯한 중고 시대의 작품들을 모방하여 작품을 지어내는 것이 유행했는데, 이와 같이 이전 시대의 작품을 모방한 작품들을 가리켜 '기코 모노가타리'라 부른다. 이에 속하는 대표적 작품으로는 《스미요시 모노가타리住吉物語》, 《도리카에바야 모노가타리》, 《고케노코로모苔の衣》 등이 있다.

이들 작품은 모방 작품이니만치 신선미가 결여되어 문학적 가치는 낮다는 평가를 받고 있다. 당시의 신흥 불교의 사상을 반영하고 있어 교훈적이고 계몽적인 경향이 다분하다. 나중에 나온 '오토기조시' 탄생의 과도기적 역할을 한 장르이다.

오토기조시御伽草子

우리나라의 옛날이야기에 해당하는 일본의 옛 단편 이야기 부류를 가리키는 말이다. 14세기경의 남북조 시대 때부터 나오기 시작하여, 중세 후반부에 해당하는 무로마치 시대를 거쳐 에도 초기인 18세기경까지의 약 400년간에 걸쳐 만들어졌는데, 독자층은 주로 아동이나 부녀자들이었다. 이러한 단편 이야기들의 총칭으로 이 '오토기조시'라는 명칭이 붙게 된 유래는, 에도 시대 중기에 시부카와渋川라는 사람이 삽화를 넣은 23편의 단편집을 그렇게 이름 붙여 출간한 것에서 비롯되었다고 전해진다. '무로마치 시대 모노가타리室町時代物語', '중세 소설中世小説'이라고 불리기도 한다.

현재 남아 있는 오토기조시의 작품 수는 약 400편을 상회하는데, 전체적으로 불교적 색채가 짙은 것이 적지 않다. 작자의 실명은 남아 있지 않으나, 그 신분이 승려나 귀족 혹은 무사 등이었을 것이라는 정도의 추측은 가능하다. 대표적 작품으로서는 《잇슨보시一寸法師》, 《분쇼조시文正草子》 등이 유명하다.

특히 《잇슨보시》는 일본의 대표적 옛날이야기 중의 하나로, 키가 일촌一寸(3센티미터)에 불과한 주인공이 작은 몸을 이용하여 활약하는 이야기다. 귀족의 딸을 탐내는 괴물과 싸웠는데, 몸이 작다는 점을 이용하여 괴물의 몸속에 들어가 칼로 괴물을 마구 찔러 항복을 받아내고, 게다가 무슨 소원이든지 들어 주는 보물 방망이까지 얻게 되었다. 그리고 그 방망이의 힘으로 어엿한 청년의 모습으로 커져서 귀족의 딸과 혼인까지 하는 해피엔드 작품이다. 작은 것의 활약에 무한한 쾌감을 느끼는 일본인들에게 변함없이 높은 인기를 누리고 있는 대표적 옛날이야기이다.

이 오토기조시라는 장르는 문학사적 흐름을 통해 보면 기코 모노가타리擬古物語의 흐름을 이어받은 것이며, 나중에 근세 초기에 유행했던 가나조시仮名草子[44]로 그 흐름이 이어졌다고 볼 수 있다. 소재는 옛 전설이나 옛날이야기 등에서 취하고 있으며, 그 밖에도 《하치카즈키鉢かづき》, 《벤케이 모노가타리弁慶物語》, 《후쿠토미조시福富草子》 등의 이야기가 있다.

일기日記 · 기행紀行

중세에 들어서는 귀족 사회가 쇠퇴함에 따라 궁중 여성들에 의한 문학 활동도 미미해졌다. 그러나 궁중 뇨보女房들의 일기 문학만은 여전히 활발하게 씌어져, 주로 궁중에서 근무하면서 겪었던 이야기를 기술한 《겐슌몬인추나곤 닛키建春門院中納言日記》, 《벤노나이시 닛키弁内侍日記》,[45] 《나카쓰카사노나이시 닛키中務内侍日記》,[46] 《도와즈가타리とはずがたり》 등이 전해진다. 이 중 특히 《도와즈가타리》는 근년에 발견되어 학계의 비상한 관심을 모으고 있다. 또한 남성들의 일기인 《메이게쓰키明月記》,[47] 《미나모토노이에나

---

44 민중의 계몽 · 교훈 · 오락을 목적으로 학자 · 승려 등이 썼다.

45 필자는 가인歌人으로서 고후카쿠사인後深草院을 섬기는 뇨보였던 후지와라노 노부자네藤原信実의 딸이다. 젊고 발랄한 필치로 가득 차 있다.

46 필자는 후시미나카쓰카사노나이시伏見中務内侍로 궁정에서 근무했던 후지와라노 쓰네코藤原経子이며, 궁중에서 지내며 겪었던 일들을 불교적 무상관을 토대로 명상적으로 적고 있다.

47 후지와라노 데이카藤原定家의 일기로, 1180년에서 1235년까지의 기사記事 부분이 현존한다.

가 닛키源家長日記》[48] 등이 전해지고 있다. 또한, 가마쿠라 막부의 개설로 교토와 가마쿠라 두 중심지를 왕래하는 일이 잦아진 것은 기행 문학의 발달을 촉진시켜, 《가이도키海道記》, 《도칸 기코東関紀行》, 《이자요이 닛키十六夜日記》 등의 기행 작품들을 탄생시켰다.

《**겐슌몬인추나곤 닛키**建春門院中納言日記》

작자는 후지와라노 슌제이藤原俊成의 딸이며, 필자가 63세 되던 해에 궁중에서 근무했던 나날들을 회상하며 적은 일기 작품이다. 필자가 이전에 모셨던 겐슌몬인建春門院을 향한 그리움을 감동적으로 묘사하고 있다. 작품의 내용을 이루는 것은, 겐슌몬인을 모시고 있던 당시의 뇨보 생활과 그 밖의 갖가지 행사, 그리고 겐슌몬인의 죽음을 전후한 시기의 이야기들이다.

《**도와즈가타리**とはずがたり》

필자는 고후카쿠사인後深草院을 모시고 있던 니조二条라는 이름의 여성이다. 필자 자신의 생애를 돌이켜 보며 '묻지 않아도 얘기하지 않고서는 못 배길 충동 때문에 털어 놓는다'는 의미의 제목하에 써 내려간 자전적 작품이다. 일기와 기행의 성격을 아울러 지닌 작품으로, 작품의 전반부는 그녀가 모시고 있던 고후카쿠사인이나 그 밖의 귀족 등과의 애정 편력을 적고 있으며, 후반부는 출가出家 여행을 떠난 이후 종교에 의해 내적으로 정화되어 가는 과정을 적고 있다. 중세적 정신을 통해 인간을 바라보는 필자의 예리한 관찰력과 성실한 종교심이 돋보인다. 또한 대담하게 자신을 고백하고 있다는 점에 있어서도 높은 평가를 받고 있어, 중세의 대표적 일기 문학으로 주목되는 작품이다.

《**가이도키**海道記》

작자는 교토 시라카와白川 근처에 사는 은둔자라는 정도로만 알려졌으며, 1223

48 미나모토노 이에나가源家長가 가나로 쓴 일기 작품이며, 13세기 초에 성립되었다.

년경에 성립되었다. 은둔자인 필자가 종교의 도시인 가마쿠라로 여행을 떠나 가마쿠라에서 약 열흘간 머문 후, 다시 교토로 돌아오기까지의 과정을 적은 기행문이다. 작품명의 '가이도海道'란 '도카이도東海道'를 가리키는 말로, 기행 도중의 풍속 · 생활이 와칸콘코분和漢混交文으로 적혀 있으며, 작품의 밑바탕에는 불교사상이 짙게 깔려 있다.

《도칸키코東関紀行》

작자는 교토 히가시야마東山 근처에 사는 은둔자라는 정도로만 알려지며, 성립 시기는 1242년경이라 추측된다. 교토로부터 가마쿠라까지의 여행을 앞의 《가이도키》보다는 유려한 필치의 와칸콘코분으로 적고 있으며, '미치유키분道行文'의 선구 격으로 후세의 기행문에 끼친 영향이 적지 않은 것으로 평가된다.

《이자요이 닛키十六夜日記》

작자는 아부쓰니阿仏尼[49]라는 이름의 여성이며, 1280년경에 성립되었다. 필자 아부쓰니는 후지와라노 다메이에藤原為家의 후처로, 남편으로부터 아들 다메스케為相에게 상속된 땅을 다미스케의 이복형 다메우지為氏가 차지하고 내놓지 않자, 막부의 판결을 얻기 위해 늙은 몸을 이끌고 교토를 출발하여 멀리 가마쿠라까지 갔다. 이 작품은 그 여행길의 기행을 적은 것으로, 자식을 향한 애틋한 모정과 소송에 대한 불안감 등이 여성적이면서도 교양미 넘치는 필치로 담겨 있다. 구성은 여행에 이르기까지의 사정을 적은 여행 전기旅行前記, 여행 도중의 풍물을 묘사한 여행기, 마지막으로 가마쿠라 체재기滞在記 등의 삼 부三部 구성으로 되어 있다. 필자 아부쓰니는 결국 소송의 결말을 보지 못한 채 객지에서 죽고 말았다 하니 애잔함을 더한다.

49 후지와라노 데이카藤原定家의 아들인 후지와라노 다메이에의 후처後妻이며, 중세의 와카산케和歌三家 중의 하나인 레이제이케冷泉家의 시조 격인 다메스케為相의 모친이다.

수필隨筆

《호조키方丈記》

가모노 조메이鴨長明가 1212년경에 쓴 수필이다. 전반부는 인생의 무상함을, 후반부는 자신의 은둔생활을 적었다. 시종일관 불교적 무상관을 토대로 하고 있으며, 사상적이고도 내성적인 필치로 전반적인 내용을 이끌어가고 있다. 대구対句와 비유를 많이 이용한 와칸콘코분으로 쓰여졌으며, 화재 · 지진 등의 5대 재앙에 대한 느낌과 술회, 그리고 자신의 한거閑居에 대한 이야기와 겸허한 자기비판 등의 내용으로 이어지고 있다.

《쓰레즈레구사徒然草》

당시의 와카 사천왕和歌四天王 중 한 명으로 와카 세계에도 이름이 났던 요시다 겐코吉田兼好가 1330년경에 쓴 수필이다. 다방면에 걸친 교양을 갖춘 필자가 붓 가는 대로 마음 가는 대로 적은 글이다. 처세론處世論 · 구도심求道心 · 자연론自然論 · 취미론趣味論 등 다양한 내용을 담고 있으며, 사물을 다면적多面的으로 관찰하여 합리와 상식에 입각하여 담담히 적어 내려가고 있다. 유 · 불 · 노장 사상에다 유직고실有職故実에 관한 풍부한 지식과 상고취향尚古趣向도 포함돼 있다. 삶과 죽음에 대한 통찰과 자연관 등이 글의 성격에 맞는 다양한 문체로 쓰여져 명문名文으로 높이 평가받고 있다. 취미 · 향락사상까지도 혼재해 있어 에도 시대에 《쓰레즈레구사》에 관한 많은 패러디를 낳을 정도로 큰 독자층을 형성한 작품으로, 오늘날의 일본인들에게도 적지 않게 애독되고 있다.

3)극 문학劇文学

노能

개요

일본 전통극의 하나로, 가면을 쓰고 등장하는 경우가 많아 일종의 전통 가면극이라 할 수 있다.

노가쿠能楽라고도 부르며, 가부키歌舞伎와 함께 일본이 자랑하는 전통 예능이다. 그 대사를 가리켜 요쿄쿠謡曲라 부르며, 이 대사를 장단과 곡조에 맞추어 읊는 것을 우타이謡라 하는데, 노能에 있어서의 문학적 측면은 이 요쿄쿠에 담겨 있다. 우타이 이외에도 음악적 측면의 하야시囃子, 그리고 연기나 춤 등 무대 위에서의 움직임을 가리키는 쇼사所作 등의 각 요소들이 복합적으로 구성된 종합 예술이다.

무로마치 초기에 당시의 최고 권력자인 3대 쇼군将軍 아시카가 요시미쓰足利義満의 비호에 힘입은 간아미観阿弥・제아미世阿弥 부자에 의해 대성되었다. 그 대본인 '요쿄쿠', 무대 위에서의 악기에 의한 반주나 음향 효과를 가리키는 '하야시', 그리고 무대 위에서 연기자가 피로해 보이는 춤을 가리키는 '마이舞' 등이 노의 3요소라 일컬어진다.

노는 흔히 가부키와 비교되곤 하는데, 가부키가 주로 현실 세계를 묘사하는 데에 비해, 노는 불교적 세계관을 밑바탕에 깐 초현실적 몽환夢幻 세계가 무대 위에 펼쳐진다는 점에서 차이가 크다. 다시 말하면, 노에서는 신이나 유령 등의 초현실적 존재가 주인공으로 등장하는데 이 점이 현실적 장면만으로 이어지는 가부키와 사뭇 다르다. 시대적으로도 노는 중세 후반에 완성되었고 가부키는 그 다음 시대인 에도 시대(=근세)에 완성되어 유행했다는 점에서 차이가 있다. 또 주요 관객도 가부키의 경우 일반 서민들이었음에 비해, 노의 경우 귀족이나 무사 등의 상류 계층이 주요 관객이었다는 점에서 뚜렷이 대비된다.

작품

대표적인 작품으로서는 《이즈쓰井筒》, 《다카사고高砂》, 《다다노리忠度》, 《마쓰카제松風》 등이 유명하다. 사람들의 귀에 익은 신화나 전설, 특히 《이세 모노가타리》, 《겐지 모노가타리》, 《헤이케 모노가타리》 등의 이름난 고전에서 소재를 취한 것이 많으며, 사상적으로는 불교사상이 전반적인 토대를 이루고 있다. 고시古詩 · 고가古歌 · 고문古文을 따서 미사여구美辞麗句를 늘어놓는 운문체의 문체가 두드러진다.

이 노의 이론적 체계를 정리한 이론서로서는 《후시카덴風姿花伝》, 《사루가쿠단기申楽談儀》, 《가쿄花鏡》 등이 유명하며, 모두 제아미에 의해 집필되었다.

역사

노의 역사를 살펴보면, 나라 시대(710-784년)에 중국에서 전래된 산가쿠散楽에서 유래되었다. 이 산가쿠散楽의 '산散'이라는 글자는 원래 '흩어지다 · 쓸데없다' 등의 뜻을 지닌 것으로, 품격을 중시하는 궁중에서 우아스럽게 행해지는 아악雅楽에 비하여 비속하고 대중성을 띤 무악舞楽이라는 점에서 이렇게 명명된 것이다. 이 산가쿠는 중고 시대 이후 가무歌舞나 흉내 등의 익살스러움이 가미된 사루가쿠猿楽로 발전하고, 이 사루가쿠의 가무적인 측면을 간아미観阿弥·제아미世阿弥 부자가 보다 세련되고 깊이 있게 그 예술적 수준을 끌어 올려 노를 완성시킨 것이다.

◆ 제아미世阿弥

상징성 높은 유현幽玄의 세계를 지향하여 재미 위주의 연기적 측면보다는 인간 내면의 깊이를 중시하는 작품을 많이 남겼다. 그의 필생의 지향점은 관객이나 독자가 최대의 감동을 느끼는 매력적 포인트를 가리키는 개념인 '하나花'의 완성이었으며, 그는 불교적 선禅 개념에 입각한 이 하나花 이론을 토대로 《후시카덴》, 《가쿄》 등의 뛰어난 이론서를 다수 남겼다.

◆ 하나花 이론

꽃이 활짝 피는 상태를 일상생활의 갖가지 미적 성취에 견주어 비유적으로 표현하는 경우는 시대와 지역을 초월하여 다양하게 존재하겠지만, 일본문학이나 문화의 경우에 이것이 문예 비평 용어로 쓰이기도 했다는 점은 주목할 만하다. 그 하나의 예로 가론歌論에서의 '화실론花実論'을 들 수가 있겠는데, 이 경우의 '花'는 외적 측면인 표현의 아름다움에 대한 비유이며, 그에 대해 '実'은 취향이나 내용 등의 내적 측면에 대한 개념이라는 점에서 '花'에 대비된다.

제아미는 이와 같은 '花'의 개념을 노의 이론적 측면에 접목시켜 '花'의 이론을 내놓았다. 이론상의 '花'란, '노가 관객들에게 주는 감동' 또는 '노무대상의 갖가지 매력의 포인트'의 비유이며, 그의 이론서 《후시카덴》이나 《가쿄》 등에 이 '花'를 개화시킬 수 있는 구체적 방법이 제시되어 있다.

《후시카덴》의 '花' 이론을 살펴보면, 꽃이 철따라 피고 지는 것에 사람들이 매력을 느끼고 아끼듯이, 노도 관객들에게 지속적인 사랑을 받으려면 결코 정체되어서는 안 되며, 갖가지 상황에 적절하고도 신속하게 대응하여 변화하는 모습을 보여 주어야 한다는 것이다. 여기서 언급한 관객들의 사랑이란 관객들의 감동과도 상통하는 것이라 할 수 있다.

제아미가 주창한 '花' 이론의 골자는, 바로 이 관객들의 감동을 자아내는 방법을 정리한 것이라고 볼 수 있다. 다시 말하면, 《후시카덴》, 《가쿄》 등에 설파된 '花' 이론의 포인트는, 관객들의 감동을 자아낼 메커니즘을 분석하고, 그 실현을 목표로 해서 배우가 수련하는 방식, 그리고 실제로 무대 위에서 연기 · 연출을 어떻게 해야 할지를 꽃에 비유하여 논술함으로써, 노의 길을 걷는 수련자들이 '花' 이론을 수행 지침으로 삼게 하는 데에 있다. 제아미는 관객들이 느끼게 될 감동의 정체를 '재미(面白さ)', '진귀함(珍しさ)' 등과 밀접한 것으로 설명하면서, '花'와 재미와 진귀함은 같은 의미이다'라고 규정짓고 있다. 제아미 스스로도 '花'의 개화에 필생의 과제를 설정하고 있었으니만치, 이 '花'란 것은 가히 노 이론 체계의 중심적 이론이라 할 만하다 하겠다. '花'의 이론은 노뿐만 아니라, 일반 연극에도 이론적 지침으로 수용되어 하나의 중요한 이론 체계로서 자리 잡고 있다.

교겐狂言

개요

일본 전통극의 하나로, 해학이나 풍자로 관객들의 웃음을 자아내는 데에 궁극적인 목적을 두는 것이 이 극의 특징이다.

'교겐'이란 말은 본래 '엉터리 · 농담'이라는 의미를 가진 말이다. 초현실적 존재를 등장시켜 상징적 유현미幽玄美를 지향하는 노能에 비해, 교겐은 현세를 사는 인간들의 일상생활이나 생각을 웃음을 통해 표현하는 극이라는 점에서 두 전통극은 서로 대조적이다.

역사

출발은 노와 마찬가지로 해학적 요소를 갖춘 가무극이었던 사루가쿠라는 고대 예능으로부터 발생했다. 사루카쿠猿楽는 원래 익살스러운 골계미滑稽味가 있는 가무歌舞나 흉내를 중심으로 한 예능이었다. 노와 교겐은 처음에 각각 '사루가쿠노노猿楽の能', '사루가쿠노교겐猿楽の狂言'이라 불리면서, 서로 밀접한 관계를 유지했으며, 노의 막간극으로 행해지던 것이었다. 그런데 상징성 높은 유겐幽玄의 세계를 지향한 가무극인 노가 사루가쿠로부터 독립하여 나름의 형태를 갖추어 가자, 사루가쿠의 본성이라 할 수 있는 골계미 부분을 계승하여 독립 · 발전한 것이 바로 이 교겐이다.

그 초기 형태가 노의 막간극이었고, 노에 비해 예술적 깊이가 부족하다는 점 때문에 노에 비해 평가가 처지는 것은 사실이나, 에도 시대에 들어서는 막부의 정책적 보호를 받아 일정한 지위를 확보하기까지 했다. 이 무렵을 전후하여 오쿠라류大蔵流와 사기류鷺流 등의 교겐 유파가 생겼고, 약간 늦게 이즈미류和泉流가 성립되었는데, 이 세 유파의 경쟁적 활약이 교겐의 예능적 지위 확보에 기여했다.

메이지유신 이후 유력한 보호자였던 막부가 없어지자 잠시 존폐 위기를 맞기도 했지만, 오쿠라류와 이즈미류 두 유파는 명맥을 유지하여 오늘날까지 이르고 있다.

대본이 무로마치 시대의 대화체로 이루어져 있다는 점에서 교겐은 대중적・서민적 인기를 유지해 왔으며, 오늘날 일종의 만담 예능으로 행해지고 있는 라쿠고落語에도 적지 않은 영향을 미친 것으로 보인다.

고와카마이幸若舞

무로마치 말기에 성행한 무악극舞楽劇의 일종이다. '고와카幸若'라는 이름이 붙은 것은 이를 집대성한 사람인 모모노이 나오아키라桃井直詮의 아명児名이 '고와카마루幸若丸'였던 것에 기인한다. 그 대본을 '마이노혼舞の本'이라 부르며, 서민 예능에서 출발했지만, 내용은 '호간모노判官物', '소가모노曾我物' 등 무장武将이나 영웅에 관한 이야기가 많아 무사들 사이에서 인기가 높았다. 특히 오다 노부나가織田信長가 이것을 좋아하여, 《아쓰모리敦盛》의 다음 구절을 부하들 앞에서 즐겨 읊었다는 일화는 유명하다.

人間五十年	인간 오십 년
下天のうちを	하천下天의 시간과
くらぶれば	견주어 보면
夢幻のごとくなり	꿈이나 환상과도 진배없는 것
一度生を受け	한번 인생을 받아서
滅せぬものの	멸하지 않는 자
あるべきか	어디 있으랴

(고와카마이《아쓰모리》)

이 구절의 주제는 인생무상이 되겠는데, 이 내용이 부하들 앞에서 노부나가의 말이 되어서 나올 때는, 전장에 임한 부하들에게 '인생은 덧없는 것이니 목숨에 연연하지 말고 장렬하게 싸워 줄 것'을 독려하는 의미도 된다.

이 고와카마이라는 예능 형태는 근세에 들어서는 쇠퇴했다. 그 이유는 군키모노軍記物에서 소재를 취한 이야기를 그저 설명조로 읊는 내용적 단순성에다, 서서 추는 춤도 별로 없어, 관객을 모으는 극적인 매력이 결여되어 있다는 데 있었다. 노 · 교겐 등과 관계가 있었고, 가부키나 조루리에도 영향을 끼쳤다는 점에서 중세에는 주요 예능 중 하나였으나, 지금은 거의 멸절되어 후쿠오카현福岡県과 나라현奈良県의 일부 지역에서만 겨우 그 형적을 남기고 있을 뿐이다.

중세 문학 관련 주요 용어 해설

혼카도리本歌取……와카 표현 기교의 하나로, 옛 노래의 일부(용어 · 어구) 또는 발상을 의식적으로 자신의 와카 작품에 인용 또는 내포시키는 기법이다. 이 기법이 노리는 바는, 그 배경으로 이용한 원래의 노래(=혼카本歌)가 갖는 미적 세계나 정취 등을 작품 속에 되살려, 작품 세계를 보다 복합적이고도 중첩적인 것으로 하는 데에 있다.

이 기법의 태동은 이미 《만요슈》에 보이기 시작하고, 그 이후의 《고킨슈古今集》 등에 이 기법이 명백히 확인되는 작품이 보이기도 하지만, 헤이안 말기에 이르기 전까지는 기존 작품의 모방이라 하여, 이 기법을 오히려 저평가하는 부정적인 시각이 팽배해 있었다. 그러다가 후지와라노 슌제이藤原俊成라는 헤이안 말기 최고의 와카 작자에 의해서 의식적으로 장려되어, 문학 표현의 한 기법으로서 보다 적극적으로 평가받기에 이르렀다.

가장 성행했던 때는 중세 초기의 칙찬집勅撰集 《신코킨슈》가 이루어졌던 시기였으며, 이 시기 최고의 와카 작자 후지와라노 데이카藤原定家는 아버지 슌제이俊成의 가통歌統을 이어받아 이 기법의 이론적인 측면을 보다 정비하고 체계화함으로써 와카의 발전에 크게 기여했다.

조하큐序破急……원래 음악이나 무용 등의 진행 형식을 세 단계로 구분 짓는 용어였으나, 노·렌가·닌교조루리人形浄瑠璃[50]·하이카이俳諧[51] 등 폭넓은 분야 또는 장르에도 그 구성 단계를 가리키는 용어로 쓰이게 되었다. '조序'는 작품의 서두 부분, 즉 도입부에 해당하는 개념이며, '하破'는 중간 부분, 즉 중심적인 전개부에 해당하는 개념이며, '큐急'는 마지막 부분, 즉 종결부에 해당하는 개념이다. 이 구분 개념이 노能나 닌교조루리 등의 극 작품에 사용될 대본을 쓰는 기본적 틀로 자리 잡음으로써 보다 논리적이고 정리된 극의 제작이 가능해졌다는 점에서 그 가치를 인정받고 있다. 이 조序·하破·큐急의 개념은 오늘날 일본인들의 실생활에도 적용되고 있으며, 그 대표적인 예로 작문이나 논문 구성법에 있어서 흔히 쓰이는 삼단논법三段論法을 들 수가 있다.

유겐幽玄……원래는 중국의 한역漢訳 불전仏典 속에 쓰이던 말로, 불교 교의의 심원함과 훌륭함을 나타내는 개념이었다. 일본에서 이 용어가 쓰인 가장 오래된 용례는, 일본 최초의 칙찬와카집인 《고킨슈》의 한문 서문(='마나조真名序')에 보인다. 일본에서도 중국의 용례와 마찬가지로 신비하고 깊이 있는 것을 가리키는 개념으로 쓰이긴 했지만, 항상 일정한 개념으로 파악된 것은 아닌 듯하여 장르에 따라 그 의미가 약간의 차이를 보였다.

이 유겐이라는 말에 한층 깊은 의미를 부여해 가론歌論의 용어로 정착시킨 이는 후지와라노 슌제이藤原俊成였다. 슌제이는 그의 스승 후지와라노 모토토시藤原基俊가 우타아와세歌合의 평어評語로서 사용한 '유겐'을 한층 더 심화시켰다. 모토토시의 유겐은, 어떤 대상에 대하여 시간적·공간적 거리감이 있어 확실히 알 수가 없으며, 신비롭다고까지는 못하더라도 아득히 먼 곳에 있어 그 실체가 제대로 파악되지 않는 특성이 있다.

---

50 근세 극문학에서 상술될 것임.

51 근세 운문에서 상술될 것임.

그의 유겐에는 불가지不可知의 요소가 있으며, 그러한 부분에 대한 이해를 독자의 상상력에 떠맡기는 측면이 있다. 이와 같은 모토토시의 유겐을 계승하여 더욱 깊은 의미를 부여하고, 그것을 가론歌論의 용어로 정착시켰다는 것이 슌제이의 업적이다. 슌제이의 유겐은 일관성 있게 초속적超俗的인 데가 있으며, 이 점에서 당시의 수많은 젊은 문인들의 지지를 받았다.

이상과 같은 슌제이의 유겐은 갖가지 형태로 후대에 계승되었다. 예를 들면, 일본 중세를 대표하는 학자인 니조 요시모토二条良基는 그의 저서 《렌리히쇼連理秘抄》에서, 중세에 유행했던 운문의 한 형태인 렌가의 세계에 있어서의 유겐의 필요성을 역설하고 있다. 이 요시모토의 유겐은 우미優美한 측면이 있어 '하나花'의 개념과도 통하는 데가 있다.

노의 완성자 제아미의 경우에서도 그 계승의 한 예를 찾을 수 있다. 그는 저서 《가쿄花鏡》에서 "그저 아름답고 유화柔和한 데가 있는 것이 유겐의 본성이다"라 정의하였으며, 또 다른 저서 《후사카덴風姿花伝》에서는 이 유현을 '하나花'와 거의 같은 의미로 사용하고 있어 앞에서 언급한 요시모토의 유겐과 상통하는 데가 있다.

이상과 같이 이 유겐이라는 개념은 시대나 사람에 따라 약간씩 차이를 보이긴 했으나, 어떤 양상을 구체적으로 한정하여 수식하는 말은 아니라는 점에서는 늘 공통성을 유지하며 계승되었다고 볼 수 있다.

Ⅳ 근세(近世) 문학

1. 개관

시대구분

도쿠가와 이에야스徳川家康에 의해 혼란의 전국 시대戦国時代가 정리되고 1603년 에도江戸(지금의 도쿄)에 막부가 열린 때부터 도쿠가와 가문이 정권을 천황에게 반납하는 '다이세이호칸大政奉還'이 이루어진 1867년까지의 약 270년간을 근세近世, 또는 에도 시대라 칭한다. 이듬해인 1868년의 '메이지유신明治維新'을 기점으로 일본은 근대近代로 접어들게 되는데, 일반적으로 고전 문학이라 칭하는 것은 근대로 접어들기 이전, 즉 근세까지의 문학에 한한다.

정치적 배경

중세 후반기를 이끌던 아시카가足利 막부 정권은 '오닌応仁의 난'[1]을 계기로

1 오닌応仁이라는 연호를 썼던 1467-1477년에 일어난 내란으로, 아사카가足利 쇼군将軍

급격히 기울었다. 10년이 넘는 기간 동안 동·서 양군으로 나뉘어 벌어진 내란으로 수도 교토의 피폐는 극에 달했고, 아시카가 막부 정권의 기반은 뿌리째 흔들렸다. 그동안 상명하달식으로 유지되어 오던 중앙집권체제는 여지없이 무너져 내렸다.

중앙의 막부가 내리는 중앙집권적 위령威令은 효력을 상실하여 지방 호족들에게 하달되지 않았고, 각처의 권세 있는 무사들이 제각기 영토를 접한 세력을 형성해 배타적 영유권을 주장하기 시작했다. 이러한 군소 호족들의 배타적 영유권 주장 사태는 약육강식의 논리로 지배되는 전국 시대의 개막을 의미했다. 이리하여 일본은 이들 영주들에 의한 군웅할거 시대로 접어들었던 것이다.

강력한 중앙집권적인 막부체제가 무너지자, 일본의 전국에는 아래가 위를 이기려 드는 하극상 풍조가 만연했다. 이 풍조를 타고 실력으로 각지의 영주 자리에 오른 인물을 가리켜 센고쿠 다이묘戦国大名라 부르는데, 이들 중에는 전국을 통일하려는 야심을 품은 인물들도 있었다. 그 대표적 인물이 그 유명한 오다 노부나가織田信長·도요토미 히데요시豊臣秀吉·도쿠가와 이에야스徳川家康 등이다. 이들의 활약으로 한동안 약육강식의 혼란상이 이어지던 전국 시대는 점차 평정되어 갔다.

오다 노부나가는 통일의 기반을 닦았고, 그 가신 출신인 도요토미 히데요시에 의해 일본은 통일된다. 히데요시는, 통일은 이루었지만 여전히 갖가지 문제와 불만의 요소가 팽배해 있음을 직시했던 모양이다. 그래서 그는

집안의 상속 문제를 계기로 권세 있는 무사들이 동·서 양군으로 나뉘어 교토에서 전쟁을 벌였다. 11년간의 전란으로 교토를 온통 쑥대밭으로 만들어 놓은 사건이다.

이 문제점들을 대외적으로 분산 · 해소시키고자 조선 쪽으로 병력을 돌려 임진왜란과 정유재란[2]을 일으켰다. 그러나 이 두 차례에 걸친 침략은 사실상 실패로 끝났고, 일본 내에서 병력을 그대로 보전하고 있던 도쿠가와 이에야스의 세력이 상대적으로 강해져서 결국 일본의 천하는 이에야스의 손으로 넘어간다.

우여곡절 끝에 완전 평정의 대업을 세운 이에야스는 새로이 도쿠가와 막부德川幕府 시대를 선포하기에 이르렀다. 도쿠가와 정권은 강력한 중앙집권적인 '바쿠한幕藩 체제'[3]를 구축하여 소위 '도쿠가와 삼백 년'이라는 태평시대의 개막을 만천하에 선포했던 것이다.

'바쿠한幕藩 체제'는 절대 권력자인 쇼군이 막부를 장악하고, 그 아래의 다이묘大名들이 전국 각 한藩의 일정 자치권을 인정받아 행사하는 시스템을 말한다. 초기에는 지방 자치권에도 막부에 의한 무력 위주의 강한 통제력이 작용하였으나, 점차 지배체제가 정비되고 재정도 안정되면서 법령으로 세상을 다스리는 문치주의文治主義 체제로 이행되어 갔다.

이러한 근세의 봉건체제는 쇄국 상태를 유지하며 대체로 태평시기를 구가하였다. 그리고 다양한 요인에 의해 위기에 봉착할 적마다 막부는 개혁을 펼치며 제도를 유지하려는 노력을 기울였다.

---

2 일본에서는 이 두 왜란을 가리켜 '분로쿠 · 게이초노 에키文録 · 慶長の役'라 부른다.
3 에도 시대의 정치 지배 체제. '한藩'은 제후에게 주어진 영지를 가리키며, 이 영지를 다스리는 제후는 '한슈藩主'라 칭해졌다. '바쿠한 체제'란 '막부'와 각 '한藩'을 구성 단위로 하여 이루어진 통치체제이다. 막부는 '쇼군将軍'을 수반으로 한 중앙집권적인 체제하에 제후들을 통제하고, 전국의 약 4분의 1에 이르는 영지를 '천령天領'이라 하여 직접 통치하고 관할했으나, 그 밖의 땅에 해당하는 각 한藩의 영지는 제후(=한슈藩主)들의 자치적 지배에 맡겼다.

그러나 그처럼 태평 시대를 구가하며 이어지던 '도쿠가와 삼백 년'에도 파국의 그림자가 드리워졌다. 그림자의 근본 원인은 재정 악화에 있었고, 이 문제에 적절히 대처하지 못한 도쿠가와 막부는 뿌리째 흔들렸다. 게다가 '존왕양이尊王攘夷'[4] 사상을 기치로 내걸고 막부 토벌에 나선 조슈한長州藩・사쓰마한薩摩藩 중심의 '토막파討幕派(막부 타도파)'들은 일반 민중들의 지지를 등에 업고 도쿠가와 막부 세력의 마지막 숨통 조이기에 들어갔다. 결국 막부가 천황에게 정권을 반납하는 '다이세이호칸大政奉還'이 1867년에 성사되기에 이르렀고, 이로써 도쿠가와 막부는 막을 내려야 했다.

사회적 배경

막부는 사농공상士農工商이라는 신분체제를 표방하였지만 꼭 이 순서대로 신분 체제가 유지된 것은 아니었다. 오히려 상인 계급인 '조닌町人'[5]이 경제력을 앞세워 실질적인 우위를 점하는 듯한 경우도 적지 않았다. 그러나 경제력으로 인해 신분질서 그 자체가 뒤바뀌는 것은 아니었고, 무사계급의 권력 앞에서 조닌들이 억울한 일을 겪는 경우도 허다했다. 그래서인지 조닌들의 경제활동은 주로 소비와 사치로 흐르는 경향이 짙었다. 또한 나라 운영의 근본 체제였던 '바쿠한 체제'를 유지하기 위해 막대한 자금을 필요로 했던

---

4 왕실을 귀히 받들어 이적夷狄을 물리친다는 뜻으로, 에도 말기에 반 막부 세력들이 슬로건으로 삼았던 사상이다. 원래 '존왕尊王'론과 '양이攘夷'론은 별개의 사상이었으나, '바쿠한 체제'의 모순에 대한 반발심과 '구로후네黒船' 등의 출현, 때마침 팽배해 있던 대외 위기의식 등에 의해, 천황의 절대화와 배외주의排外主義가 결합하게 되었다. 왕정복고로 치달았던 막부 말기 정치운동의 커다란 조류를 이루어, 정권을 천황에게 되돌린 '다이세이호칸'에 결정적 역할을 한 사상이라 할 수 있다.

5 상업을 통한 경제력을 바탕으로 새로이 대두한 일본 근세의 사회계층의 하나로, 도시에 거주하는 상공업자들을 지칭한 말.

지배 계층인 무사계급의 경제적 필요성과 맞물려, 조닌들의 상업 활동은 더욱 고무되고 장려되었던 측면이 있다.

한편 일본 서쪽의 산물들은 오사카大阪로, 동쪽의 산물들은 에도로 집중되면서 도시의 발달과 인구 증가가 촉발되기도 했다.

또한 사회적 풍조라고 한다면, 중세의 주조主調가 현세를 부정하는 불교에 기반을 둔 것임에 비해 근세는 인간 공동체의 질서를 중시하는 유학儒学이 크게 진흥되었다는 점을 특색으로 들 수 있다. 다만, 이 유학이 민간으로 보급되어 가부장권을 강화하거나 효孝를 강조하기는 했으되, 민중생활의 근간이 되는 예의범절의 규범으로까지 수용되지는 않은 점은 한국이나 중국의 경우와는 다른 양상을 보인 차이점으로 지적할 수가 있겠다.

문화적 배경

이 시대에는 중앙집권적 봉건체제하에서 사회의 각 분야가 정비되고 발전되었다. 특히 오사카·교토·에도 등의 대도시를 중심으로 상업이 번창하여, 도시의 서민 계층인 조닌들이 경제력을 바탕으로 영향력을 키워갔다. 이들 조닌들에게는 사회의 지배계층인 무사들과는 사뭇 다른 문화적 욕구가 있었다. 무사들은 종래의 보수적 전통 문화의 틀 속에서 그대로 머물러 있었으나, 조닌들은 그러한 전통의 틀로부터 벗어난 파격적인 문화를 갖고자 하는 강한 욕구를 품고 있었다. 근세의 문학은 이와 같은 조닌들의 문화적 욕구를 토대로 하여 형성되었다고 해도 과언이 아니다. 이 조닌들은 주로 대도시에서의 상업 활동을 기반으로 하여 막대한 부를 구축하였다. 나라의 행정을 꾸려가야 하는 막부도 국정 운영상 이들의 경제력을 필요로 했으므로, 이들은 새로운 유력 사회 계층으로 급부상했다. 문학 작품의 측면에서도 이와 같은 조닌들의 요구에 부응하여, 그들의 생활과 이상을 그려낸 문학이 탄생하게 되었던 것이다.

무사계급에 비해 봉건제도의 속박으로부터 벗어나 있던 조닌들은 비교적 자유롭게 부를 축적할 수 있었다. 이들은 또한 데라코야寺子屋[6]와 같은 교육기관의 교육을 통해 식자識字 능력도 가지고 있었다. 이 데라코야라는 것은 우리나라의 서당과 유사한 형태의 교육기관이었는데, 이를 통한 서민교육이 활발해지자 글을 읽을 줄 아는 독자층이 대량으로 양산되었던 것이다. 그리하여 조닌의 의식을 반영하거나 그들의 취향에 맞춘 출판물도 많이 나오게 되었다. 한자와 가나로 쓰여진 당시의 책들은 조닌들의 교양의 원천이 되었고, 그들 나름의 자의식이 성장하면서 그들의 문화생활에 대한 자긍심도 생겨났다. 근세의 서민 예능은, 조루리浄瑠璃라는 전통극의 발전으로 공연 문화의 확대 국면을 맞이하였고, 회화나 공예 등의 분야로도 다양화되었다.

사상적으로는 위아래의 규범 확립을 도모하기 위하여, '군신유의君臣有義', '장유유서長幼有序' 등 사회질서 유지에 도움이 되는 가르침을 펴는 주자학이 관학官学으로 채택되었다. 그러나 이 주자학은 어디까지나 외래의 사상이었으니만치, 일본 고유의 사상적 뿌리를 찾자는 소위 '국학国学' 운동이 일어나, 사상적으로 당시 일본인들에게 적지 않은 영향을 미쳤다. 또한

6 데라코야는 무로마치 시대의 서민교육 전통을 이어받은 것으로, 근세에는 사찰의 승려뿐 아니라, 신관神官이나 상인도 데라코야를 경영할 수 있었다. 수업료를 내는 학생을 데라코寺子라고 불렀으며, 과목은 주로 읽기와 쓰기, 산술 등이 기본이었으며, 편지를 쓰는 법이나 차용증서의 작성법도 가르쳤다고 한다.

이 시대의 문화의 중심지는 18세기 중엽을 경계로 하여 가미가타上方[7]로부터 에도로 이동하였는데, 이와 같은 추세는 문학에 있어서도 마찬가지였다.

조닌 문학의 형성은 주로 교토 · 오사카 · 에도의 유곽이나 시장 등을 주무대로 하여 이루어졌다.

이름난 시장으로서는 오사카의 도지마堂島 · 텐마天滿, 에도의 니혼바시日本橋 등이 유명했으며, 유곽으로서는 교토의 시마바라島原, 오사카의 신마치新町, 에도의 요시와라吉原 등이 유명하여, 이들 지역이 근세 문학 탄생의 주된 배경이 되었다.

교통상으로는 가미가타上方와 에도 사이의 왕래가 중세의 교토와 가마쿠라 사이의 경우보다 한층 더 빈번해져, 두 곳을 잇는 육로인 도카이도東海道 곳곳에 있던 53군데의 숙소 또한 기행이나 일기 문학 등의 주요 배경이 되었다.

한편 무사와 서민의 공통된 취미양식으로 다도茶道가 발달하였는데, 도요토미 히데요시의 측근에서 활동했던 센노 리큐千利休가 그 격식을 확립하여 오늘날에까지 이르고 있다.

---

7 전통적 수도였던 교토를 중심으로 하여 오사카 일대까지 포함하여 지칭한 호칭.

2. 근세 문학의 전개

전기(=가미가타上方 문학의 시대)

시기적으로는 17세기 초에서 18세기 초에 해당된다. 근세 전기는 전란으로 어지럽던 중세가 어느 정도 정리되어 정치·사회적으로 어느 정도 안정된 시기였던 만큼, 문화적으로도 개화가 시작된 시기라 할 수 있다.

문학은 교토, 오사카 등의 가미가타 지방을 중심으로 성했으므로, 흔히 '가미가타上方 문학'이라고 일컬어진다. 특히 1688년에서 1704년 사이의 겐로쿠元禄 시대의 문학이 근세를 통틀어 가장 활발하여, 이 시대의 문학을 '겐로쿠 문학'이라고도 부른다. 초기에는 아직 중세의 흔적이 많이 남은 가나조시仮名草子[8]라든가 보수적인 작품 성향을 보인 마쓰나가 데이토쿠松永貞徳의 하이카이[9] 등과 같은 계몽적 문학이 행해졌으나, 이윽고 불세출의 방랑 시인 마쓰오 바쇼松尾芭蕉(일반적으로 '바쇼芭蕉'라 줄여 부름)가 등장하여 근세 운문 문학의 대표 격인 하이쿠가 대성되기에 이르렀다.

또한, 이 시대의 산문 세계를 대표하는 작자 이하라 사이카쿠井原西鶴(일반적으로 '사이카쿠西鶴'라 줄여 부름)는 조닌들의 생활 속에서 소재를 취한 소설들을 내놓아서 새로운 지평을 열어 놓았다. 그는 중세 말의 오토기조시에 원류를 둔 가나조시의 흐름을 계승·발전시킨 우키요조시浮世草子를 유행

---

8 중세의 단편 소설류인 오토기조시의 계통을 이어받은 것으로, 에도 초기에 유행한 단편 소설류를 가리키는 말. 민중의 계몽·교훈·오락 등을 목적으로 학자나 승려 등이 주로 썼다.

9 하이쿠俳句와 렌쿠連句(두 사람 이상이 서로 번갈아 가며 한 구句씩 읊는 일종의 연시聯詩)를 포괄적으로 부르는 총칭. 마쓰나가 데이토쿠松永貞徳를 중심으로 한 하이카이를 데이몬 파貞門派 하이카이라 부른다.

시켰다.

그 밖에도 조닌들의 문화적 향연장이라고도 할 수 있는 극장의 문학으로서는 오사카 출신의 지카마쓰 몬자에몬近松門左衛門(일반적으로 '지카마쓰近松'라 줄여 부름)이 대성시킨 조루리[10]가 단연 돋보인다.

후기(=에도 문학의 시대)

시기적으로는 18세기 초에서 19세기 중엽까지 해당된다. 근세 후기의 문예의 중심지는 가미가타에서 에도로 옮겨졌다. 그중에서도 최전성기는 '분카・분세이 기文化・文政期'(1804-1829년)였다.

전기의 가미가타 조닌들이 씩씩하고 투박했음에 비해, 후기의 에도 조닌들은 막부의 엄격한 통제 탓인지 무기력한 경향을 띠었다. 따라서 전기의 겐로쿠 시대에 볼 수 있었던 박력과 활기는 보이지 않고, 향락적이고 도피적이면서 기지와 해학에 치우치는 성향을 보였다.

소설류로는, 유곽을 무대로 하여 회화체로 이어지는 '샤레본洒落本'과 그 계통을 이어받은 '닌조본人情本', 그리고 닌조본과 병행하여 읽힌 '곳케이본滑稽本' 등이 나왔다. 또한 아카혼赤本・구로혼黒本・아오혼青本 등의 아동용 삽화소설의 계통을 이어받아 유희적 향락적 성향이 강한 성인용 삽화소설류인 '기뵤시黄表紙'가 나와서 한때 유행하기도 했다. 그러나 이 '기뵤시'는 풍자성이 강해 금지령을 받았고, 권선징악의 교훈적인 내용을 강화한 장편소설인 '고칸合巻'으로 변모해 갔다. 아카혼・구로혼・아오혼・기뵤시・고칸으로 이어지는 일련의 삽화 위주의 소설류를 통틀어 '구사조시草双紙'라 부르며,

---

10 일본 전통 현악기인 샤미센三味線의 반주에 맞추어 창唱으로 하는 옛 이야기.

이에 비해 문장을 위주로 한 것은 '요미혼読本'이라 부른다.

운문의 세계에서는 와카가 국학 연구의 바람(소위 '국풍国風')을 타고 새로운 조명을 받았다. 하이쿠에서는 화가이기도 했던 요사 부손与謝蕪村이 낭만적인 취향의 작품을 읊었으며, 불우한 성장기를 보냈던 고바야시 잇사小林一茶는 약자를 동정하고 강자에 비판적인 작품을 많이 지었다.

연극의 세계에서는 지카마쓰近松 이후 인형극의 일종인 닌교조루리人形浄瑠璃가 인기리에 상연되었으며, 그와 더불어 가부키가 유행했다.

3. 장르별 주요 작품

1)운문

와카和歌

무로마치 시대에 운문 세계의 주인 자리를 렌가에 내주고 쇠퇴의 길을 걷고 있던 와카는, 그나마 와카의 종가宗家 격인 니조케二条家에 의해 간신히 명맥은 유지하고 있었다. 특히 《고킨슈古今集》의 해석을 비전秘伝으로 전수하던 '고킨덴주古今伝授'라는 문학 형태는 무로마치 시대에 들어 본격적인 것이 되었는데, 그중에서도 니조케二条家 집안의 그것이 가장 권위 있는 것으로 인정되었다.

이 '고킨덴주'의 문학 형태는 근세에 들어 다소 쇠퇴 기미를 보이긴 했지만, 호소카와 유사이細川幽斎 등에 의해 지속적으로 계승되었다. 호소카와는 중세 가학의 전통을 근세에 전달하는 가교적인 역할을 하는 동시에 고전주석서와 가집을 남겼고, 문단의 여러 분야에서 활약하게 될 문하생들을 키워서 배출하기도 했다.

근세 초기의 와카 세계에는 여전히 중세적인 전통의식이 남아, 그 흐름을 지키는 것이 가인歌人들의 사명으로 여기는 풍토가 한동안 이어졌다. 17세기 초까지 귀족이나 무가武家가 주로 와카를 읊었으며 중세적인 전통을 지키느라 신선함을 보이지 못하고 있었다. 그러다가 17세기 후반부터 와카를 혁신하고자 하는 움직임이 일어나기 시작하여, 보수적인 와카를 비판하고 전통을 타파하자는 주장이 제기된다.

이후 가단歌壇은 국학의 동향과 밀접하게 관련을 맺으며 움직이는데, 와카의 참모습을 '마코토まこと'11에서 찾으려는 태도가 일본의 옛 문화를 이해하려는 국학의 방법으로 이어지게 된다.

국학에 의한 고전연구의 기초는 승려 신분의 게이추契沖에 의해 다져졌다. 그의 실증적 분석방법에 의하여 《만요슈》 연구가 커다란 진전을 보게 되고, 이를 계승한 가다노 아즈마마로荷田春満는 《고지키古事記》·《니혼쇼키》·《만요슈》 연구를 통하여 유불사상의 영향을 받지 않은 순수한 일본인의 정신을 밝히고자 했다.

아즈마마로春満의 제자였던 국학자 가모노 마부치賀茂真淵는 가인歌人으로도 활약하였는데, 상대上代 일본인들의 가풍歌風인 '마스라오부리ますらをぶり'를 이상적 가풍으로 보고, '만요초万葉調'로 돌아갈 것을 주창하며 '만요초'의 와카를 읊었다.

---

11 문학이나 예술 작품에 배어 있는 참마음이나 그것이 주는 감동.

한편, 에도에서 가모노 마부치賀茂真淵와 그 일파가 와카의 복고를 외치고 있을 무렵, 교토에서는 오자와 로안小沢蘆庵이 알기 쉽고 명료한 말로 꾸밈없이 자연스러운 감정을 읊어야 한다는 '다다코토우타平言歌'를 제창하였다. 로안의 영향을 받은 가가와 가게키香川景樹는 감정을 유려한 어조로 읊어야 한다는 '시라베노세쓰しらべの説'를 주장하며 《게이엔잇시桂園一枝》라는 가집歌集을 냈다. 전통적 와카 가문인 니조 파二条派의 한 분파이긴 하지만, 독자적인 가풍을 창시한 그와 그 문하생을 게이엔 파桂園派라 부른다.

| 교카狂歌 |

교카란 '교타이狂体의 와카'라는 뜻으로, 와카와 형태는 같지만 내용은 완전히 이질적인 것으로, 속어를 사용하여 풍자 · 익살 · 해학 등을 지향한 일종의 유희 문학이다. 교카의 기원은 고대로 거슬러 올라가지만, 독자적인 장르로 발달하여 크게 성행한 때는 근세이다.

근세의 교카에는 오사카 · 교토를 중심으로 한 가미가타 교카上方狂歌와 에도를 중심으로 전국으로 퍼진 에도 교카江戸狂歌의 두 흐름이 있다. 가미가타 교카는 18세기 전반에 오사카에서 유행하였으며 중심인물로는 다이야 데이류鯛屋貞柳가 있다. 그의 문하생 수가 3천을 넘었다고 하는데, 내용적인 측면에서 기존 와카의 문구나 어조를 패러디하여 익살스럽게 바꾼 것에 그쳐 그리 높게 평가되지는 않는다.

이에 비해 에도 교카는 무사와 학자 등을 중심으로 18세기 중반부터 유행하기 시작하였는데, 특히 덴메이天明기[12]에는 전성기를 맞이하였다. 오타 난포大田南畝가 낸 작품집 《네보케센세이분슈寝惚先生文集》가 유행하기 시작했던 이 시기의 교카를 가리켜 덴메이초 교카天明調狂歌라 부른다.

기존의 '혼카도리本歌取り' 기법을 응용하여 주로 와카의 명작을 패러디하는 식이었지만, 19세기 이후에는 급격히 쇠퇴하여 거의 소멸되었다.

하이카이俳諧

'하이카이'란 말은 원래 '장난, 해학, 골계' 등의 뜻을 가진 말인데, 운문 장르에서의 이 말은 하이카이렌가俳諧連歌를 줄여 부른 말이다. 즉, 렌가를 장난스럽게 읊은 것이다. 중세 지식인들 사이에서 한때 유행했던 렌가는 법식이 까다로워 그리 오래 가지는 못했고, 장난기 어린 해학적인 렌가를 읊는 것이 중세 말부터 야마자키 소칸山崎宗鑑 등에 의해 유행하기 시작했다. 그리고 17세기에 들어와서 마쓰나가 데이토쿠松永貞德에 의해 렌가의 복잡한 법식으로부터 어느 정도 벗어나면서 서민들 사이에서도 비상한 관심을 모으기 시작했다. 근세적인 의미에서의 '하이카이'는 이 시점 이후의 문학 형태를 지칭한다.

데이토쿠貞德는 사토무라 조하里村紹巴에게서 렌가를, 호소카와 유사이細川幽斎에게서 와카를 배웠으며, 《하이카이 고산俳諧御傘》을 저술하여 하이카이의 법식을 정하고 많은 문인을 지도하고 하이카이를 전국에 보급하는 데 기여하였다. 데이토쿠 일파를 특별히 데이몬 파貞門派라 부르는데 기타무라 기긴北村季吟 등이 활약했다. 그러나 이 데이몬 파 작풍의 인기도 그리 오래가지는 못했다. 용어상의 지적인 재미를 즐기는 경향으로 흘러,

---

12 1781년에서 1788년까지.

엔고縁語・가케코토바掛詞 등 와카에서 쓰인 언어유희의 틀을 벗어나지 못했다. 더구나《하이카이 고산》의 법식이 여전히 복잡하여 사람들은 차차 질려갔다.

보수적인 경향이 짙었던 데이몬 파에 반하여, 니시야마 소인西山宗因으로 대표되는 단린 파談林派[13]의 작풍은 서민들의 생활 감정을 자유분방하게 노래한 '신풍新風'이었다. 단린 파는 양식화된 종래의 법식에 구애받지 않는 새로운 하이카이를 만들고자 하였고, 특히 해학과 익살에 역점을 두어 서민들로부터 환영받았다. 그러나 말초신경을 자극하는 재미만을 끊임없이 추구하던 단린 파의 하이카이도 한계에 부딪혀 사양길에 접어들고 만다.

이후에는 언어유희적인 측면을 버리고 새로운 하이카이를 추구하고자 하는 움직임이 일어난다. 특히 마쓰오 바쇼松尾芭蕉는 독자적인 하이카이의 작풍을 구축해 냈으며 하이카이를 예술의 영역으로 격상시켰다. 바쇼와 그 문하생을 일컬어 쇼몬蕉門이라 부른다. 바쇼도 처음에는 오사카의 니시야마 소인西山宗因을 중심으로 한 단린 파에 가담하여 활약했으나, 단린 파가 한계에 봉착한 때를 같이 하여 그 테두리에서 뛰쳐나왔다. 그리고 데이몬 파・단린 파 등의 작풍을 계승하면서도 그것을 뛰어넘은 이른바 '쇼후蕉風'[14] 하이카이를 확립했다.

---

13 보수적 작풍作風인 데이몬 파에 반하여, 새롭고 자유분방한 작풍을 표방하여 한때 하이카이의 주류가 되었던 유파. 당시 서민들의 생활감정을 반영하여 현실생활을 작품 속에 반영하기도 하여 한때 붐을 형성했으나, 늘 새로운 것을 추구해야 하는 부담 때문에 한계에 봉착하여 쇠퇴하고 말았다. 바쇼芭蕉도 처음에는 이 유파에 가담하여 활약했으며, 함께 가담하여 활약했던 사이카쿠西鶴는 이 유파의 쇠퇴 후 재빨리 호색물好色物을 다룬 소설류의 작가로 변신하여 나름의 성공을 거뒀다.

14 芭蕉의 '蕉'자를 따서 이름 지은 하이카이俳諧의 작풍.

마쓰오 바쇼松尾芭蕉

1644년 이가伊賀(지금의 미에三重현 이가시伊賀市)의 우에노上野에서 태어났다. 초기에는 교토에서 기타무리 기긴北村季吟에게 수학했고, 서른쯤 되던 때 에도로 가서 단린 파 사람들과 교류하였다. 이후 직업적인 하이카이시俳諧師가 된 바쇼는, 제자들의 도움으로 에도 동북방의 후카가와深川라는 곳에 암자 바쇼안芭蕉庵을 짓고 독자적인 하이카이의 경지를 개척해갔다. 이 암자 생활을 시작한 지 얼마 안 된 1683년 《미나시구리虛栗》를 펴내어, 일약 에도 하이카이 문단의 주류로 올라섰다. 그리고 2년 후인 1685년에 간행된 《노자라시 기코野ざらし紀行》에는 그 나름의 작풍에 대한 자신감이 엿보인다.

바쇼는 여행과 자연 속에서 참된 노래의 경지를 발견하여 한적한 미를 중시한 독자적인 작풍 '쇼후'를 창출해 냈다. 그는 인간 사회를 등지고 자연과 혼연일체가 되어 고차원의 시심詩心을 수련하고자 자주 여행길에 나섰다. 도호쿠東北 지방으로의 여행길에 읊은 작품을 기행문 조로 엮은 《오쿠노호소미치奧の細道》는 그의 작풍인 '쇼후蕉風'가 완성의 경지에 이른 작품으로 평가받고 있다. 그는 특히 세속적이지 않으면서도 깊이를 내포하는 '사비寂'의 경지를 구축해 냈다. 이후에 나온 작품집 《사루미노猿蓑》에 이르러서는 '사비'가 더욱 원숙해진 경지에 이르렀다는 평가를 받고 있다.

그 후 바쇼는 오미近江와 교토의 사가노嵯峨野 등에 체재하면서, 한곳에 머무르는 어려움을 토로한 《겐주안노키幻住庵記》, 제자들의 동정과 스스로의 심경을 써 내려간 《사가 닛키嵯峨日記》 등을 탈고하였다. 만년의 작품 《스미다와라炭俵》에는 현실의 변천에 순응하는 경묘함을 포착해 낸 '가루미軽み'라는 새로운 미의식의 전개가 보인다.

'비정주非定住'를 표방하며 늘 자연 속을 방랑하던 바쇼는 1694년, 여행 도중 오사카에서 병을 얻어 제자들이 지켜보는 가운데 객사했다. 바쇼를 중심으로 한 쇼몬은 전국의 하이카이 문단에 큰 영향을 미쳤으며, 바쇼가 사망한 후에도 '쇼몬짓테쓰蕉門十哲'라 불리는 문하생들이 쇼후 전파에 힘썼다. 그러나 점차 많은 유파로 분열되어 이 작풍은 그리 오래가지는 못했다.

바쇼의 업적이라면 중세적인 미의식인 '유겐幽玄'을 하이카이의 통속성 속에 살려 냈고, '사비'나 '가루미'같은 독특한 이념의 경지를 완성하였다는 점, 그리고 서민적인 문학 형태를 예술적으로 승화시켰다는 점에 있을 것이다. 그의 대표적 하이쿠 작품집인 《노자라시 기코野ざらし紀行》, 《오쿠노호소미치》, 《하이카이시치부슈俳諧七部集》 등에 관해서는 좀더 상세한 소개가 필요하겠다.

《노자라시 기코野ざらし紀行》

1685년 성립된 것으로, 제자인 지리千里를 동반하여 에도의 암자를 떠나 고향 이가伊賀로 향하는 도중의 체험과 감회를 읊은 하이쿠가 담겨 있다. 도카이도東海道를 거치는 수행의 여행 뒤에, 나라, 교토, 오미를 비롯한 긴키近畿 지방을 편력하고 다시 에도로 돌아가는 내용이며, '쇼후' 확립기의 작품으로 볼 수 있다.

《오쿠노호소미치奥の細道》

바쇼가 46세 때 제자 소라曾良를 동반하여 동북 지방을 여행하면서 읊은 하이카이俳諧 작품집으로 1702년에 간행되었다. 이 여행길은 바쇼가 평소에 흠모해 마지 않던 중세 가인 사이교西行의 행적을 답습하는 의미도 있었다. 1689년 3월에 에도를 출발하여 지금의 도호쿠東北 지방 일대인 오슈奥州 · 호쿠리쿠北陸 등의 지방을 거쳐,

9월 오가키大垣(지금의 기후岐阜현 서남부)에 이르기까지 도합 7개월간의 긴 여행을 기록한 하이카이 작품집이다. 간결한 문장 속에 여행 중의 정경이 잘 묘사되어 있으며, '만물은 끊임없이 유전流転하며 인생은 여행과도 같다'는 바쇼의 인생관과 세계관이 짤막한 하이카이 작품에 응집되어 있는 하이카이俳諧 기행의 걸작이다.

《하이카이시치부슈俳諧七部集》

바쇼의 사후에 제자들이 쇼몬의 대표적인 하이카이를 모아 펴내고자 했으나, 주장이 제각기 달라 의견일치를 보지 못했다. 그러던 중 바쇼의 제자들도 다 세상을 떠나고 난 후인 1731년경, 에도의 사쿠마 류쿄佐久間柳居가 쇼몬의 하이카이 중에 대표적인 작품들을 일곱 부로 묶어 펴내어 이를 《하이카이시치부슈俳諧七部集》라 부르게 되었다. 《후유노히冬の日》(1684), 《하루노히春の日》(1686), 《아라노曠野》(1689), 《히사고ひさご》(1690), 《사루미노猿蓑》(1691), 《스미다와라炭俵》(1694), 《조쿠사루미노続猿蓑》(1698) 등으로 이루어져 있으며, 쇼후의 경전으로 칭송되며 에도 말기까지 간행되었다.

'덴메이天明의 중흥'

바쇼 사후 쇼몬 내의 다툼에 의해 저속화된 하이카이를 바쇼 생전과 같은 작풍으로 되돌리자는 움직임이 18세기 중반부터 일어났다. 그 중심에 서서 하이카이 혁신 운동을 벌인 대표적 인물이 덴메이天明[15]연간에 활약한 요사부손与謝蕪村, 가토 교타이加藤暁台, 오시마 료타大島蓼太 등이다. 이 시기의 하이카이에는 개성이 다양하게 발휘되었으며, 특히 세련된 감각과 지식적인 멋, 우아한 상상력 등 예술지상주의적인 경향이 강하게 보인다. 이 시기의 하이카이 중흥의 움직임을 가리켜 '덴메이의 중흥'이라 부른다.

---

15 고카쿠光格 천황 때의 연호, 1781-1789년에 해당함.

• 요사 부손与謝蕪村(1716-1783년)

셋쓰摂津(지금의 오사카 부근) 출신으로, 하이카이는 에도에서 수학하였다. 처음에는 회화 방면에서 출세하였으나, 후에 하이진俳人으로도 명성을 얻게 되었다. 바쇼를 동경하여 그의 족적을 따라 도호쿠東北 지방을 여행하기도 하였고, 독창성을 상실한 당시의 하이카이를 걱정하며 진정한 하이카이의 중흥을 주창하였다. 뛰어난 남송문인화南宋文人画 화가로서의 재능이 그의 하이카이를 인상적이고 선명하며 풍부한 색채감을 띠게 하여, '하이가俳画'의 창시자라고도 불린다. 또한 사실적이고 고전적인 취향의 작풍을 보이는데, 이는 그의 한서漢書와 고전에 대한 교양이 하이카이에 반영된 것이라 볼 수 있다.

'덴메이天明의 중흥' 이후

하이카이는 계속 보급되며 향수되었으나 내용 면에서 다시 참신성을 잃으면서 저속화의 길을 걸었다. 그러한 가운데 막부 말기인 19세기 초에 고바야시 잇사小林一茶라는 하이진이 뛰어난 개성을 나타내며 등장하였다. 그러나 이 특이한 하이진 이후의 하이카이는 다시 쇠퇴의 길을 걷게 된다.

• 고바야시 잇사小林一茶(1763-1827년)

시나노信濃(현재의 나가노현長野県)의 농가에서 태어나 계모의 손에 자라던 잇사一茶는, 가정불화로 인하여 14살에 에도로 가게 되어 하이카이를 배우게 된다. 30세를 전후하여 하이카이 수행을 위해 간사이関西에서 시코쿠四国, 규슈九州 지방을 두루 여행하였다. 그 후 귀향하였으나, 부친의 사망 이후 유산상속 문제가 불거져 10년이 넘도록 가정불화를 겪는다. 결혼 생활

도 불행하여, 첫째 아내에게서 얻은 3남 1녀는 모두 어려서 죽고, 자식이라고는 세 번째 아내에게서 유복자 딸 하나만 겨우 두게 될 뿐이다. 이와 같은 불행한 삶을 반영하듯 잇사의 하이카이에는 자학적인 내용과 약자에 대한 동정심을 담은 것이 많다. 그는 또 속어와 방언을 대담하게 구사하여 생활 감정을 솔직하게 읊은 인간미 넘치는 하이쿠를 남겼다. 대표적 작품집인 《오라가하루おらが春》는 1819년의 정초부터 세밑까지의 견문과 감상, 그리고 홋쿠発句 등을 수록한 하이카이 문집이다.

센류川柳

17세기 말엽부터 잣파이雑俳라고 하여 유희를 본연으로 하는 문학이 유행하였다. 센류란 그 잣파이 가운데 마에쿠즈케前句付가 독립한 것을 뜻한다. 즉 마에쿠즈케란 먼저 읊어진 7 · 7의 마에쿠前句에 대해서 5 · 7 · 5의 쓰케쿠付句를 맞추어 시가詩歌를 완성시키는 형태인 셈이었다.

18세기 중반, 마에쿠즈케의 덴자点者[16]로서 큰 명성을 얻은 가라이 센류柄井川柳가 선정한 구句를 고료켄 아루베시呉陵軒可侑 등이 편집하여 《하이후야나기다루俳風柳多留》라 명명하여 간행하였다. 이 출판물은 호평을 얻어 속편이 간행되기에 이르렀으며 창시자의 이름을 따서 이 형식의 문학을 센류라 칭하게 되었다. 센류는 하이쿠와는 달리 세태 및 인정의 미묘한 사정과 분위기를 예리하게 포착하여 웃음과 풍자로 그려내었으므로, 경쾌함을 즐기는 에도 서민들의 기질과도 부합하여 널리 보급되었다.

---

16 렌가 · 하이카이 · 센류 등에서 평점을 매겨 그 우열을 판정하는 사람.

2) 국학国学

국학은 외래사상인 유불사상儒佛思想을 배척하고, 일본 고유의 고대정신을 탐구하고자, 일본의 독자적인 문화 · 사상 · 정신세계 등을 역사와 고전 작품에서 발견하기 위해 일어난 학문이다. 따라서 '사서오경四書五経'을 비롯한 유교의 고전이나 불전의 연구를 중심으로 하는 학문적 경향을 외래학문 지향적이라 하여 비판하는 입장을 취했다. 난학蘭学[17]과 더불어 이 시대를 대표하는 학문이었다.

이러한 국학의 방법론은 국학자들이 비판의 대상으로 삼았던 이토 진사이伊藤仁斎 · 오규 소라이荻生徂徠 등의 학문적 방법으로부터 영향을 받았다. 이 국학자들의 실증주의적 학문 자세는 고전 연구 방법을 높은 수준으로 끌어올렸다는 측면에서 높이 평가된다. 신도神道나 고전을 통해 일본의 고유한 모습을 찾으려 했고, 인간의 자연스런 감정 표출을 소중히 여겼다.

이 국학을 처음 제창했던 것은 가모노 마부치賀茂真淵였으나, 그 사상적 출발점은 《만요슈》를 실증적으로 연구한 승려 게이추契沖에서 찾을 수 있을 것이다. 게이추의 학문은 가다노 아즈마마로荷田春満 · 가모노 마부치로 계승 발전되어 일본 고유의 고대 정신을 탐구하려는 국학 연구 체계로 조직되었다. 가다노 아즈마마로의 문하생이었던 마부치는 유교적 사고를 부정하고 《만요슈》에 일본 정신의 근원이 있다고 생각하여 그 연구에 일평생을 바쳤다. 그가 주창했던 이상적 가풍歌風은 씩씩한 남성미를 내포한 '마스라

17 에도 중기 이후에 성행했던 것으로, 네덜란드어 서적을 통하여 서양 학문을 연구하려 했던 학문.

오부리ますらおぶり'라는 것이었으며, 그 모델을 《만요슈》 속에서 찾았다.

마부치의 문하생이었던 모토오리 노리나가本居宣長는 면밀한 문헌학적 연구로 옛 일본인들의 정신을 찾으려는 학문을 확립하였는데, 그것은 《고지키》를 연구한 그의 대저大著 《고지키덴古事記伝》 속에 여실히 나타나 있다. 또한, 《겐지 모노가타리源氏物語》를 연구한 《겐지 모노가타리 다마노오구시源氏物語玉の小櫛》에서는 모노가타리의 본질이 '모노노아와레もののあはれ'[18]에 있다고 보는 문학관을 펼쳤다.

노리나가 이후에는 학파가 다양하게 분화되는 양상을 띠었다. 히라타 아쓰타네平田篤胤가 발전시킨 신도神道 사상은 에도 시대 후기에는 존왕양이尊王攘夷 사상에도 영향을 주었고, 일본 고유의 문화를 추구하며 우월성을 주장하는 국수주의와 황국사관으로 이어지기도 했다. 또 한편 실증주의적 고전 연구를 중시한 무라타 하루미村田春海는 히라타 아쓰타네平田篤胤의 국학을 부정하기도 하였는데, 이러한 실증주의적 국학은 근대 이후의 일본 문학 · 국어학 · 민속학 등의 방법론적 기초가 되었다.

게이추契沖(1640-1701년)

게이추는 에도 시대 중기 진언종真言宗의 승려이기도 했던 국학자이다. 일본 고전에 관한 해박한 지식을 바탕으로 도쿠가와徳川 가문의 위촉을 받아 《만요슈》에 관한 연구서인 《만요다이쇼키万葉代匠記》를 썼다. 이를 비롯하여, 《고킨슈》, 《이세 모노가타리》, 《겐지 모노가타리》, 《햐쿠닌잇

18 문학이념의 하나로, '문학이란, 유교나 불교처럼 도덕적인 선악이나 공리적인 목적을 추구하는 것에 있지 아니하고, 어떤 대상에 대하여 사람이 마음속으로 느끼는 심정이 자연스럽게 표출되는 것'이라 보는 사고방식이다.

슈百人一首》와 같은 고전을 분석 · 고찰한 연구서도 많이 썼다. 게이추의 업적은 일본 고전연구사상 시대를 선도한 획기적인 것으로 평가된다.

가모노 마부치賀茂真淵(1697-1769년)

신도 관련 일에 종사하는 신관神官 가문에서 출생한 가모노 마부치는 가인歌人이자 국학자였으며, 《만요슈》와 같은 고전연구를 통해 고대일본인의 정신을 연구하는 데에 진력했다. 《가이코歌意考》, 《만요코万葉考》, 《고쿠이코国意考》, 《노리토코祝詞考》, 《겐지 모노가타리 신샤쿠源氏物語新釈》 등 많은 명저를 남겼다.

특히 《고쿠이코》는 마부치의 학문을 총정리한 이른바 '고이코五意考'의 하나로 1764년부터 5년에 걸쳐 완성된 책이다. 유교의 도래로 신도가 성립되었다는 설을 뒤엎기 위해 옛 신도의 순수성을 주장했다. 주자학을 배척하고 일본 본래의 생활과 정신으로 돌아가야 한다는 주장이 이 저술의 근간을 이루고 있다. 나중에 국수주의적인 '존왕정신尊王精神'의 원류로 이용되기도 하지만, 당시로서는 그의 학풍이 유명세를 타면서 모토오리 노리가나 등의 뛰어난 인재들이 그의 문하로 모여들었다.

모토오리 노리나가本居宣長(1730-1801년)

소싯적에는 의술 공부를 위해 교토로 유학을 했는데, 교토에서 의학뿐 아니라 주자학 · 한학 · 국학 등의 다양한 학문을 접했다. 이 무렵부터 일본의 고전에 관심을 갖게 되었고 오규 소라이荻生徂来와 게이추의 영향을 받아 국학에 뜻을 두게 되었다. 게다가 교토 생활의 영향인지 왕조 문화에 대한 동경심도 컸다고 한다.

노리나가는 의술 활동을 하면서도 《겐지 모노가타리》를 강의하거나 《니혼쇼키》를 연구하는 등의 문학 활동도 병행했는데, 가모노 마부치의 책을 접하면서부터는 국학에 심취하여 그의 문하생이 되었다. 《만요슈》와 《고지키》를 본격적으로 연구하였고, 《고지키덴》이나 《겐지 모노가타리 다마노오구시》 등의 역작을 저술하였다. 특히 《겐지 모노가타리》를 연구한 《겐지 모노가타리 다마노오구시》에서 모노가타리의 본질이 '모노노아와레'에 있다는 문학론을 펼친 것은 너무도 유명하다.

《고지키덴古事記伝》

1798년에 탈고하기까지 무려 35년이라는 세월이 소요된, 모토오리 노리나가의 《고지키》 연구서이며, 오늘날에도 《고지키》 연구자들의 필독서가 되고 있다. 이 작품은 에도 시대의 《고지키》 연구의 정점을 이루며 최초의 실증주의적이며 문헌학적인 연구서로 평가받고 있다. 상대上代의 특수한 가나 사용법도 노리나가의 이 연구에 의해 발견된 것이다. 노리나가는 이 저술 속에서 일본의 신대神代를 존중하는 국학을 확립했고, 그의 이 업적으로 인해 《고지키》는 정사正史로 존중되던 《니혼쇼키》에 비해 더욱 가치 있고 신성한 저술로 취급되게 되었다.

《고지키덴》은 한 서적의 주석서일 뿐만 아니라, 이후의 고대 문학이나 고대사 연구에 다대한 영향을 주었고, 그 반향은 오늘날의 연구방법에까지 미치고 있다.

《겐지 모노가타리 다마노오구시源氏物語玉の小櫛》

1796년 출간되었다. 노리나가는 20세를 전후하여 《겐지 모노가타리》를 처음 접하였고, 의사의 직무를 수행하는 한편 《겐지 모노가타리》 강의를 40년간 지속했다. 이 책은 그에 의한 《겐지 모노가타리》 연구의 집대성이라 할 수 있다.

노리나가는 이 저술의 주석에서 각 단어나 구절이 갖는 제각기의 어감이나 문맥을 하나하나 치밀하고 정확히 해석하고자 하였다. 그리고 그는 《겐지 모노가타리》의 올바른 이해를 위해서는 '모노가타리物語'에 대한 올바른 이해가 필요하다고 보고, '모노노아와레'가 ' 모노가타리'의 본질이라는 문학론을 펼쳤다.

이 '모노노아와레'라는 것은 문학이념 중 하나로, '모노가타리' 탄생의 배경에 유불사상에 의한 윤리관이 있다는 종래의 시각을 뒤엎고, 인간이 갖는 순수한 감정이 '모노가타리' 탄생의 근원이라 보는 사고방식이다.[19] 따라서 《겐지 모노가타리》의 이해에 즈음해서도, 작품의 밑바탕에 공리를 내세운 유교의 도덕관이나 불교의 인과응보사상이 자리 잡고 있다는 종래의 접근방식을 우선 배척하는 것에서 출발하고 있다. 그리고 그러한 공리적인 유불사상보다는 어디까지나 순수하고 자연스러운 인간적 감정이나 느낌이 작품 탄생의 밑바탕을 이루고 있다는 것이 '모노노아와레'론에 입각한 이 《겐지 모노가타리》 이해의 핵심이다.

3)산문

가나조시仮名草子

근세 소설의 선구적 역할을 한 것이 이 가나조시로, 명칭에서 알 수 있듯 가나로 씌어진 작품 군을 일컫는다. 작자들은 주로 당시의 지식인층이라 할 수 있는 공경公卿이나 무사, 승려 등이었다. 독자층은 주로 상업을 영위하는 도시 서민계층인 조닌들이었으며 계몽적인 성격이 강했지만, 교양과 실용, 오락적 측면에서 대중들의 요구에 부합하는 바가 있어 인기리에 읽혔다.

중세의 작품을 패러디하여 세태를 풍자하거나, 불교의 가르침을 알기 쉽게 이야기 식으로 풀어놓는 등 소재와 내용이 매우 다양했다. 그중 특기할 만한 것은 일본 최초의 서양 문학 번역이라고도 일컬을 수 있는 《이소호 모노가타리伊曾保物語》[20]와 아사이 료이浅井了意의 작품들이다. 아사이 료이

---

19 앞의 주 참조.

는 괴담을 다룬 《오토기보코伽婢子》나 명소를 소개한 《도카이도메이쇼키東海道名所記》, 퇴폐한 세상을 그려낸 《우키요 모노가타리浮世物語》 등을 썼다. 그에 이르러서 중세적인 '우키요憂き世'[21]가 근세적인 '우키요浮き世'[22]로 변모하면서 이후 우키요조시浮世草子로 이어지는 발판이 마련되었다고 볼 수 있다.

우키요조시浮世草子

겐로쿠元禄 시대(1688-1704년)에는 그전까지 읽히던 가나조시와는 달리, 조닌들의 폭넓은 생활을 주제로 씌어진 우키요조시가 오사카를 중심으로 유행하게 된다. 우키요浮世에는 일반적인 세상이라는 의미와 동시에 호색이나 남녀간의 연애라는 의미도 있다. 우키요조시의 창시자는 이하라 사이카쿠井原西鶴이며, 그 최초 작품은 《고쇼쿠이치다이오토코好色一代男》라 할 수 있다.

이하라 사이카쿠 이후 겐로쿠 시대부터 18세기 중엽 메이와明和기까지 교토의 책방 하치몬지야八文字屋에서 출판된 우키요조시를 특별히 하치몬지야본八文字屋本이라 불렀다. 에지마 기세키江島其磧의 《세켄무스코카타기世間子息気質》나 《세켄무스메카타기世間娘気質》를 비롯하여 '가타기気質'를

20 《이솝이야기》를 번역한 내용이다.

21 불교적 염세관으로 속세를 표현한 말로, '힘들고 괴로운 일이 많은 세상'이라는 뜻. 속세에 대한 중세 말까지의 개념이다.

22 세상을 현실적인 시각에서 바라본 말로, '어차피 뜬 구름 같은 세상이니, 그리 심각하게 생각할 것 없이 향락적이고 들뜬 기분으로 사는 게 좋은 세상'이라는 뜻. 중세 말부터 근세 초 사이에 '우키요'의 개념을 뒤집어쓰기 시작한 속세에 대한 개념이다.

과장되게 다룬 몇 작품 이후에는 유명한 우키요조시라 일컬을 만한 작품은 나오지 않았다.

이하라 사이카쿠井原西鶴(1642-1693년)

그에 관한 자세한 정보를 알 수 있는 자료는 거의 없으나, 그는 오사카의 유복한 조닌 출신으로 알려져 있다.

소싯적부터 가업을 잇는 일에는 관심이 없었고, 문학에 뜻을 두어 니시야마 소인西山宗因 문하의 단린 파談林派에 가담하여 하이카이를 읊었다. 그는 특히 야카즈 하이카이矢数俳諧[23]에 능하여, 하루 사이에 무려 23,500구句나 되는 하이카이를 읊기도 했다 한다. 그러나 말초신경 자극적인 작품을 즐기던 단린 파 하이카이의 유행이 시들해지고 디들 뿔뿔이 흩어지자, 그는 새로이 산문 세계에 뛰어들어 근세 소설의 형태인 우키요조시를 집필하기 시작했다.

사이카쿠의 우키요조시는 소재에 따라 크게 《고쇼쿠이치다이오토코好色一代男》나 《고쇼쿠고닌온나好色五人女》와 같이 호색을 다룬 '호색물好色物'이 있고, 무가의 원수 갚는 내용을 중심으로 한 '무가물武家物', 조닌의 실생활을 다룬 '조닌물町人物', 그 밖의 다양한 소재로 이루어진 '잡화물雑話物' 등으로 나눌 수 있다.

이 우키요조시의 집필에는 하이카이 세계에서 닦았던 표현력이 적잖이 밑거름이 되었던 듯하다. 그의 우키요조시는 인기리에 읽혔고, 문장에 대

---

23 하이카이 형식의 하나로, 하루 동안 얼마나 많은 하이카이를 읊느냐를 겨루던 일종의 문학 유희.

한 평가도 좋아 수많은 인기작을 남겼다. 하이쿠의 바쇼, 조루리의 지카마쓰 등과 함께 근세 3대 문호로 손꼽힌다. 52세의 나이로 세상을 떠났다.

《고쇼쿠이치다이오토코好色一代男》

사이카쿠가 41세 되던 1682년에 출간되어 인기리에 읽혔다. 요노스케世之介라는 이름의 한 남자가 일생 동안 자유롭고도 호색에 찬 삶을 마음껏 누리는 모습을 그린 작품이다. 짙은 관능미와 세밀한 인물묘사, 독자에게 어필하는 오락성 등으로, 종래의 작품들과는 차원이 다른 새로운 충격파를 던졌다. 호색을 마음껏 누리는 주인공상은 당시 남성들의 선망의 대상이기도 하여서 큰 인기를 모았다.

주인공 요노스케는 7살이라는 어린 나이에 벌써 성性에 눈을 뜨고 색을 과도하게 밝혀 집에서 쫓겨난다. 집을 나간 후로는 일본 각지의 유곽을 돌아다니며 호색의 경륜을 쌓았고, 그러던 중 아버지가 죽어 엄청난 유산을 상속받게 된다. 그는 유녀들에게 돈을 뿌려대며 호색 생활을 더욱 즐기게 된다. 이렇게 호색의 극한을 누릴 대로 누린 그는, 60세 되던 해에 마지막 유희를 즐기고자 '好色'이라는 이름을 붙인 배에 많은 보물을 싣고는, 여자들만 산다는 바다 저편 섬으로 여행을 떠나며 종적을 감춘다.

이렇게 요노스케의 일생을 다룬 《고쇼쿠이치다이오토코》는 《겐지 모노가타리》가 54첩으로 이루어진 것을 본떠 7세부터 60세까지의 54년 인생을 다루었다는 점이 흥미를 끈다. 이 작품을 필두로 이후 쓰여진 작품들을 우키요조시라 부르며, 그 이전의 작품을 가나조시라고 불러 구분하게 되었다.

《부도덴라이키武道伝来記》

1687년 출간되었으며, 무가武家에서 복수 사건이 발생하는 경위에 주안점을 두고 기술하고 있다. 사이카쿠西鶴의 우키요조시 중 '무가물武家物'로 일컬어지는 작품으로 32개의 단편을 수록하고 있다. 부제나 서문에 '여러 지방의 복수 사건諸国の敵討'이라 적혀 있듯, 전국 각지를 무대로 이야기가 펼쳐진다.

이 작품은 무사의 숙명과 체면만을 중시한 결과 빚어지는 비극을 그려내고 있다.

특히 원한을 갚으려는 자의 고심과 갈등, 그리고 적을 기다리는 자의 각오가 세밀하게 묘사되어 있다. 복수의 결말보다는, 원한을 사게 된 발단과 복수의 과정 속에 보이는 무사의 입장 · 운명 · 고뇌 · 애환 등을 그리는 데에 묘사의 초점이 놓여 있다.

실제 있었던 사건을 기반으로 한 내용도 있지만, 대부분은 사이카쿠가 각색하거나 창작한 것으로, 당시의 무사도武士道를 엿볼 수 있는 자료적 측면도 내포하고 있다.

《니혼에이타이구라日本永代蔵》

1688년에 출간되었다. 사이카쿠의 '조닌물' 중 대표작이며, 재치와 노력으로 부를 축적해가는 조닌의 단편 이야기 30편으로 이루어져 있다. 전체 이야기 중 태반은 치부에 성공하는 이야기이고 나머지 3분의 1 정도가 실패담이나, 한 이야기에 성공담과 실패담 모두가 포함된 경우도 있다. 대부분의 이야기에 모델 격인 실제 조닌이 있었다고 하며, 배경은 교토와 오사카, 에도뿐 아니라 전국에 걸쳐 있다.

물욕을 내세운 인간의 본성과 심리를 잘 파악하여 조닌 독자들에게 공감을 얻은 바가 컸다. 문학적 소재로서는 생소했던 경제생활이 작품의 테마로 다루어져 다양한 작품적 매력 요소와 한데 어우러지며 탄생한 데에 이 작품의 가치가 있다 하겠다. 신흥 부자들 이야기에는 교훈적인 측면도 담고 있어, 당시 독자들에게 교훈서나 실용서로도 인기리에 읽혔다. 이후 출판이 거듭되면서 독자가 확대됨에 따라 다른 판본도 생겼고 모방작도 나왔다.

에지마 기세키江島其蹟**(1667-1736년)**

에도 중기의 우키요조시 작자로 교토에서 태어났으며, 사이카쿠의 작품을 많이 모방했다. 《세켄무스코카타기》 등, 직업이나 신분에 따른 인간의 유형을 골계미滑稽味로 표현하려고 한 소위 '가타기모노気質物'의 분야를 새로이 개척했다. 이들 작품들은 교토의 하치몬지야라는 서점에서 출간되어 '하치몬지야본'이라 불린다.

《세켄무스코카타기世間子息気質》

직업이나 신분에 따른 인물들의 기질 유형을 다룬 '가타기모노'의 대표작으로, 1715년에 출간되었으며 작자는 에지마 기세키이다.

당시의 아들들이 보이는 행동의 전형성을 재미있게 묘사해 낸 단편집으로 모두 5권으로 이루어져 있으며, 세 유형의 기질을 다룬 15편의 이야기가 담겨 있다. 에지마 기세키가 이전에 쓴 다른 작품들도 있지만, '아들'의 입장인 젊은이들의 기질 유형을 테마로 한 것으로는 이 작품이 최초다. 이후 수십 년에 걸친 '가타기모노' 유행을 촉발시켰다.

┃기보시黄表紙┃

에도 시대 중기인 1775년 이후에 유행한 그림책의 한 장르 중에 기뵤시가 있다. 유치한 이전 작품들과는 달리 어른을 대상으로 한 읽을거리로서 큰 인기를 모았다. 이 장르의 효시는 고이카와 하루마치恋川春町의 《긴킨센세이 에이가노유메金々先生栄花夢》로 볼 수 있다. 이후 기뵤시는 두 세권으로 한 작품을 이루는 경우가 많아졌고, 매년 정월에 간행되곤 했다. 당시의 문무장려책을 풍자했다는 이유로 막부로부터 압력을 받기도 하였는데, 분카文化 시대(1804-1818년) 이후부터는 원수를 갚는 내용이 주를 이루며 장편으로 바뀌었고, 화려한 그림을 곁들여 전기성이 짙은 내용으로 발전해갔다.

《긴킨센세이에 이가노유메金々先生栄花夢》

1775년에 출간되었다. 주인공 긴베金兵衛는 출세를 하겠다며 시골에서 에도로 상경하던 도중, 어느 신사에 들러 참배를 한다. 참배를 마치고 신사 앞 찻집에서 떡을 주문한 사이에 그는 깜빡 잠이 들어 꿈을 꾼다. 꿈속에서 그는 어떤 대부호의 양자가 되어 유곽에서 방탕한 생활을 한다. 그러나 사기꾼의 꾐에 빠져 돈을 다 털리고 양부에게 절연마저 당하고 쫓겨난다. 꿈에서 깨어난 긴베는 인생이 일장춘몽과 같은 것임을 절실히 깨닫고 시골로 발길을 돌린다.

일견 비근한 내용 같지만, 표현이나 삽화의 도처에 내포된 유희적 요소에서 재미를 찾을 수가 있다.

▌요미혼読本▐

이 '요미혼'은 근세 전기(上方 문학기)에 나온 것으로, 우키요조시의 쇠퇴와 더불어 중국의 백화소설白話小說[24]의 번역이나 번안으로 시작된 성인용 소설류를 가리키는 말이다. '요미혼'의 주요 작자로서는 가미가타上方의 우에다 아키나리上田秋成와 에도의 산토 교덴山東京伝・다키자와 바킨滝沢馬琴 등이 활약했다. 특히 우에다 아키나리上田秋成의 《우게쓰 모노가타리雨月物語》는 괴기소설의 걸작으로 꼽히는 작품이며, 산토 교덴은 기뵤시의 작자였다가 막부의 단속으로 요미혼으로 전향하여 《주신스이코덴忠臣水滸伝》[25]을 남겼다. 또 다키자와 바킨은 대표적 요미혼 작자로서 《난소사토미핫켄덴南総里見八犬伝》을 28년이나 되는 오랜 집필 끝에 완성했다는 얘기로 유명하다.

우에다 아키나리上田秋成(1734-1809년)

우에다 아키나리는 오사카의 유곽에서 아버지도 모르는 사생아로 태어났다. 4살 때 어머니와도 사별하여 우에다 집안의 양자로 들어가 암울한 성장과정을 거쳤다. 성장과정이 암울했던 만큼 콤플렉스도 많았던 모양이고, 그런 생활로 인한 고뇌의 양만큼 내면의 깊이도 더해 갔던 듯하다. 그러한

---

24 중국의 사대기서四大奇書(《삼국지연의三国志演義》, 《서유기西遊記》, 《수호전水滸伝》, 《금병매金瓶梅》) 등의 구어체 소설을 가리키는 말.

25 《주신구라忠臣蔵》와 《수호전水滸伝》을 뒤섞어 지은 것이다.

고뇌를 달래 보고자 벗들과 어울려 방탕한 생활에 빠지기도 했으나 방황에서 벗어난 후에는 하이카이나 국학, 한학 등의 학문적 지식 축적에 힘썼다. 27세 되던 해에는 결혼도 하였고 양아버지의 사망으로 가업을 잇게 된 그 이이듬해부터는 와카 공부도 시작했다.

우키요조시를 쓰기 시작한 것은 서른 살이 넘어서였으며, 화재로 가산을 모두 잃게 된 후에는 의사 수업을 받기도 했다. 그래서 한동안 문인과 의사 생활을 병행했다. 그러나 자신의 오진으로 환자가 죽는 사건을 겪고 나서 의사의 길은 접었다.

전기 요미혼의 대표작으로 평가되는 《우게쓰 모노가타리》는 마흔이 훨씬 넘은 나이에 간행되었다. 빈궁한 만년을 보내던 아키나리는 76세의 나이로 파란만장했던 삶을 마감했다.

《우게쓰 모노가타리雨月物語**》**

1768년에 성립되었으며, 한참 후인 1776년에 출간되었다. 이 작품은 모두 9편의 작품으로 이루어진 괴기 소설집이다. 각각의 작품들에 생령生霊, 사령死霊, 뱀의 정령 등 많은 괴이한 존재를 등장시켜 독자를 떨게 한다.

요미혼의 선구적 작품으로 일컬어지는 이 소설집은 대부분 중국의 백화소설에서 소재를 취하고 있다는 점이 특이하다. 하지만 단순한 모방에 그치는 것이 아니라 아키나리 나름의 조예에 근거한 창의성을 발휘하여 문학성 높은 이야기로 승화시키고 있다. 우미優美 · 유현幽玄한 문장은 근대의 일본 작가들에게도 애독되어, 그들의 문학 세계에 적잖은 영향을 끼쳤다.

산토 교덴山東京伝(1761-1816년)

에도 출신의 산토 교덴은 처음에 기뵤시의 삽화작가로 데뷔했다가, 후에 소설가로 전직하면서 기뵤시나 샤레본을 많이 쓴 인기 작가가 되었다. 그러나 1790년 풍기를 문란케 한다는 이유로 샤레본 출간 금지 처분을 받았고, 막부에 의해 출판물의 단속이 더욱 강화되었던 이듬해에는 그의 작품이 적발되어 처벌까지 받았다. 그는 결국 샤레본에서 손을 떼고 요미혼으로 방향 수정을 해야 했다.

교덴은 원고료를 받으며 활동한 최초의 작가이기도 하며, 그의 대표작은 《사쿠라히메젠덴아케보노조시》이다. 다키자와 바킨滝沢馬琴도 그의 문하에 들어와 문학의 길에 입문했다.

《사쿠라히메젠덴아케보노조시桜姫全伝曙草紙》

1805년에 출간되었다. 사쿠라히메의 전설을 인과응보의 이야기로 구성한 산토 교덴 요미혼의 대표작이다. 5권 5책으로 이루어져 있으며 장편 불교 설화를 이용하여 요미혼 특유의 번안 방식으로 전기적 세계를 완성도 높게 창출해 낸 것으로 평가받고 있다.

다키자와 바킨滝沢馬琴(1767-1848년)

24살에 산토 교덴의 제자가 되면서 작자로 출발하여, 나중에는 에도 후기 제일의 요미혼 작자가 되었다. 필명은 교쿠테이 바킨曲亭馬琴이다. 대표작으로는 《난소사토미핫켄덴》을 꼽을 수가 있겠는데, 집필 기간이 무려 28년이나 소요되었다. 나중에는 노령과 피로로 눈앞이 보이지 않아 다른 사람에게 구술 필기를 시킬 정도였다고 한다. 요미혼보다 통속적이고 발행 부수가 많았던 기뵤시나 고칸 작품도 많이 썼다. 중년 이후에 쓴 일기가 남아 있어, 그것을 바탕으로 그를 주인공으로 한 근대의 작품도 많이 나왔다. 그와 거의 동시대에 오사카에서는 우에다 아키나리가 활동하고 있었다.

《난소사토미핫켄덴南総里見八犬伝》

1814-1842년에 걸쳐 출판되었으며, 우에다 아키나리의 《우게쓰 모노가타리》 등과 더불어 에도 시대의 게사쿠戯作[26] 문학의 대표작으로 손꼽힌다. 총 98권 106책으로 구성된 대작으로, 28년이라는 기나긴 집필 기간에다, 시력을 잃다시피 하면서도 굴하지 않고 작품을 완결시킨 바킨의 작가정신이 돋보여 많은 찬사를 받고 있다. 《수호전》의 영향을 강하게 볼 수 있는데, 《수호전》에 108의 혼魂이 등장하듯, 《핫켄덴八犬伝》에서는 8개의 구슬이 세상에 나타난다는 이야기의 발단이 닮았다. 전기성이 짙은 장편 고전이며, 그 후 대중 문학 창작에도 큰 영향을 주어서 《핫켄덴》의 번안 작품이 많이 나왔다.

작품의 시대적 배경은 무로마치 시대이며, 후세히메伏姫가 낳은 8명의 견사犬士들이 난소사토미南総里見 가문의 흥망을 짊어지고 활약하는 내용으로 전개된다. 그 8명에게는 '仁 · 義 · 禮 · 智 · 忠 · 信 · 孝 · 悌'의 여덟 글자에 각각 '犬'자가 붙은 이름이 주어져 '핫켄八犬'인 것이다.

《진세쓰유미하리즈키椿説弓張月》

1807년부터 5편 29권이 차례로 간행되어 1811년에 완결되었다. 이 작품은 바킨이 쓰고 가쓰시카 호쿠사이葛飾北斎가 삽화를 그린 요미혼이다. 이미 고전이 된 《호겐 모노가타리》에 등장하는 활 잘 쏘는 장수 미나모토노 다메토모源為朝를 중심으로 한 권선징악적인 내용으로 황당무계하고 전기성이 짙은 작품이다. 원래는 전후 2편으로 끝낼 예정이었지만, 반응이 좋아 바킨이 상상력을 동원해 그 뒤의 스토리까지 연결시켰다고 한다.

---

26 에도 시대 후기의 통속 오락 소설(요미혼 · 기뵤시 · 샤레본 · 닌조본)들을 뭉뚱그려 부르는 총칭.

이즈伊豆의 섬으로 유배를 가게 된 미나모토노 다메토모의 활약상을 사실에 기초하여 쓴 전편과, 류큐琉球(지금의 오키나와)로 건너간 미나모토노 다메토모에 의해 류큐 왕국이 재건되었다는 내용의 후편으로 구성되어 있다. 특히 후편의 큰 스케일과 비약적인 전개로 호평을 받았는데, 당시로서는 다른 나라로 여겨졌던 류큐를 무대로 했다는 점이 신선하게 받아들여졌다.

작품 구성에 있어서는 중세에 유행한 '군키 모노가타리'는 물론이고, 《수호전》과 그 후일담을 다룬 《수호후전水滸後伝》 등 중국 소설의 영향을 크게 받았다.

샤레본洒落本

에도 시대 중기에 나온 게사쿠의 한 종류다. 주로 유곽에서의 유희를 다루고 있으며, 그곳에서 멋으로 통용되는 '이키粋'를 이상으로 하여 유녀와 손님 간의 홍정, 숙맥 손님에 대한 놀림 등이 주된 내용이나. 사레본은 이러한 이야기 자체를 즐기기 위해서뿐 아니라, 실제로 유곽에서의 행동 지침에 관한 가이드북으로서도 읽혔다고 하니 실용서적의 측면도 있었다 하겠다.

원래는 가나조시의 유녀평판기 종류나 이하라 사이카쿠井原西鶴가 쓴 우키요조시에 보이는 유곽 묘사가 그 출발이지만, 사레본의 효시는 에도의 유곽 요시와라吉原의 풍속을 골계적인 한문체로 기술한 《료하시겐両巴巵言》으로 간주되고 있다. 나중에는 속어를 위주로 한 회화체로 변모해가서, 한학자인 사와다 도코沢田東江가 1757년에 쓴 《이소로쿠조異素六帖》와 같이 등장인물 3인(불자 · 가학자 · 유학자)이 유곽 관련의 호색론好色論을 당시의 속어를 써가며 펼치는 회화체의 작품도 탄생했다.

샤레본의 체제가 어느 정도 갖춰진 것은 1770년에 이르러서였다. 이 시기의 작품으로는 《유시호겐遊子方言》을 들 수 있다. 유곽 문화에 익숙한 아버

지가 아직 그 방면에 숙맥인 아들을 에도의 유곽촌인 요시와라에 데리고 가는 것으로 이야기가 시작되는데, 유곽의 갖가지 정경·멋·숙맥 손님과의 대비 등이 유녀들과의 대화를 통하여 묘사된다. 이 작품이 호평을 받자 나중에 모방작도 많이 나왔다. 유곽의 세부를 묘사하는 '우가치穿ち'[27]가 특징이다.

1790년을 전후로 하여 샤레본은 전성기를 맞이하게 된다. 대표적 작자로는 요미혼 작자이기도 했던 산토 교덴을 들 수 있다. 그러나 '간세이寛政의 개혁'[28] 때 단속으로 재산몰수·형벌 등의 처벌대상이 되면서, 샤레본은 철퇴를 맞았다. 이후 몇몇 샤레본 작품이 몰래 등장하기도 했으나, 점차 유곽의 세계를 벗어난 닌조본人情本이나 곳케이본滑稽本으로 흐름이 넘어갔다.

닌조본人情本

닌조본은 퇴폐적 연애나 풍속을 중심으로 그린 게사쿠 작품 군을 말한다. 샤레본을 전신으로 하여 1800년대 초두부터 나오기 시작했다. 출판업자 출신인 다메나가 슌스이為永春水의 《슌쇼쿠우메고요미春色梅児誉美》와 같은 작품이 대표적이다. 그러나 역시 '덴포天保의 개혁'[29]이라는 막부의 개혁정책에 의해 호색적 그림책은 풍기문란의 죄목으로 처벌의 대상이 되었고,

---

27 잘 알려지지 않은 세세하고 미묘한 인정의 측면을 파헤쳐서 드러내는 것을 의미한다.

28 막부를 총괄하던 마쓰다이라 사다노부松平定信가 1787-1793년에 행한 개혁으로, 사치를 막고 부채관계를 청산해 주는 등의 정책으로 '바쿠한 체제'의 위기를 극복하고자 했다.

29 1842-1844년에 실시된 막부의 개혁으로, 당시의 실권자 미즈노 다다쿠니水野忠邦에 의해 추진되었다. 물가상승을 막고 풍기문란을 단속하는 데 주된 목표를 두었으나 실패로 끝났다.

대신 고칸의 간행 부수가 증가했다.

《슌쇼쿠우메고요미春色梅児誉美》

종래의 가부키적 취향이나 전기성에서 탈피하여 부녀자들이 좋아할 만한 연애 정서를 담아내어 크게 인기를 얻은 다메나가 슌스이為永春水의 성공작으로 1832년에 출간되었다. 주인공 단지로丹次郎는 두 유녀의 헌신적인 보살핌을 받으면서 그녀들을 똑같이 사랑해 준 가난한 사내이다. 결국 그중 한 여자는 아내로, 또 다른 여자는 첩으로 두게 되었는데, 그 후에도 처첩이 서로 사이가 좋아 단지로의 가정이 번성하게 된다는 이야기이다. 줄거리가 단순하긴 하나, 단지로를 둘러싼 여성들의 풍속이나 여타 등장인물들의 애정 행각이 당시 사람들에게는 꽤 재미있었던 모양이다.

곳케이본滑稽本

곳케이본은 에도 시대 후기 게사쿠 중 하나로, 우스꽝스런 이야기가 중심이 된 작품 군을 지칭한다. 샤레본의 유곽 취미로부터 벗어나 보다 건강한 사회를 그려보고자 하여, 골계와 교훈성을 지향했다. 곳케이본에 담긴 이야기는 당시의 라쿠고落語로도 상연되어, 무대 예능에도 영향을 끼쳤음을 알 수가 있다.

대표적 작가로는 짓펜샤 잇쿠十返舎一九를 들 수 있는데, 그의 작품 《도카이도추히자쿠리게》는 곳케이본의 대표작이다. 이 작품이 호평을 받자 속편이 잇따라 나와, 21년 동안 시리즈로 지어졌다. 그는 이 저작을 통해 생활에 별 어려움이 없을 만큼 적잖은 돈을 벌었으나, 만년에는 술에 빠져 생활고를 겪기도 했다.

《도카이도추히자쿠리게東海道中膝栗毛》

1802년부터 1822년까지 오랜 기간에 걸쳐 시리즈로 발간된 서적으로, 두 남자가 도카이도東海道를 따라 에도로부터 교토, 오사카로 향하는 중 겪게 되는 갖가지 에피소드로 구성되어 있다. 따라서 기행 형식의 저술이라 할 수 있다. '히자쿠리게膝栗毛'라는 말은 사람의 다리를 갈색 털의 말에 비유하여 우스꽝스럽게 표현한 것이다. 골계적 이야기 속에 당시의 구어가 적절히 구사되어 있고, 각지의 특산물이나 실수담 등등 내용이 다양하고 흥미진진하여 큰 인기를 얻었다. 두 주인공 콤비에 대한 독자들의 호응도 좋아, 속편인 《속 도추히자쿠리게続道中膝栗毛》가 지속적으로 나오기도 했다.

시키테이 산바式亭三馬(1776-1822년)

시키테이 산바는 19세 때 기뵤시를 발표했지만, 당시 심화되던 단속으로 제재를 받고 나서 샤레본에 손을 대기도 했다. 그처럼 약간의 문학적 편력기를 거친 산바는 결국 고칸과 곳케이본에서 성공을 거두었다. 대표작 중 하나인 《나마에이카타기酩酊気質》는 종래의 문학 작품 속에 일찍이 없었던 취객을 등장시켜 재미있게 그려냄으로써 신경지를 개척한 것으로 평가된다. 그리고 그는 서민들의 사교장이기도 했던 공중목욕탕이나 이발소에서의 익살스런 대화를 중심으로 쓴 《우키요부로浮世風呂》와 《우키요도코浮世床》 등을 내놓아 적잖은 인기를 얻었다. 그의 작품에는 에도의 방언 표현이 돋보여 어학적 측면에서도 가치를 인정받고 있다.

《우키요부로浮世風呂》

1809-1813년에 출간되었다. 당시 서민들의 사교장이기도 했던 공중목욕탕을 무대로 했다는 점에서 신선미가 돋보이는 작품이다. 그 인물묘사나 회화는 당시의

라쿠고와도 관계가 깊으며, 회화가 빚어내는 자연스러운 재미 때문에 곳케이본으로 취급된다.

총4편으로 이루어져 있는데, 제1편은 남탕에서의 대화, 제2편은 여탕에서의 대화(고부간의 갈등 · 에도와 오사카 출신 여자들 간의 신경전 등), 제3편은 게이샤 · 처녀 · 하녀 등의 여탕에서의 대화, 제4편은 가을을 계절적 배경으로 한 남탕에서의 대화 등으로 구성되어 있다.

4)극 문학

조루리浄瑠璃

조루리의 기원은, 중세 후기에 유행했던 우시와카마루牛若丸와 조루리히메浄瑠璃姫의 사랑 이야기 《조루리히메 모노가타리浄瑠璃姫物語》의 구연口演가락을 나중에 '조루리부시浄瑠璃節'라 부르게 된 것에서 유래했다고 알려져 있다. 처음에는 그저 부채 박자에 맞춘 맹인 비파법사의 구연으로 진행되었으나, 차차 샤미센三味線 반주가 더해지고, 여기에 인형극이 결합되어 오늘날에 행해지는 닌교조루리人形浄瑠璃의 형태로 발전하였다. 지금은 흔히 분라쿠文楽라고 부르는데, 이는 조루리의 여러 유파 중에서 분라쿠 좌文楽座만이 남아 조루리를 대신하는 명칭으로 사용하기 시작한 것에서 유래된 호칭이다.

분라쿠를 구성하는 3요소는 배우를 대신하는 인형, 샤미센 반주, 그리고 구연을 담당하는 다유太夫라고 불리는 이야기꾼 등인데, 이 세 가지 요소를 잘 조화시키는 것이 무엇보다 중요하다.

유명한 다유로서는 17세기 후반 오사카에서 활약한 다케모토 기다유竹本義太夫가 있는데, 그는 극단 다케모토 좌竹本座를 창설하고, 전문작가 지카마쓰 몬자에몬近松門左衛門과 협력하여 조루리를 비약적으로 발전시켰다. 그 계기가 된 초연 작품이 1695년에 상연된 《슛세카게키요出世景清》이며, 이 작품 이전의 것을 고 조루리古浄瑠璃, 이후의 것을 신 조루리新浄瑠璃라 칭한다.

지카마쓰 몬자에몬近松門左衛門 (1653-1724년)

근세를 대표하는 극작가 지카마쓰 몬자에몬은 일본의 셰익스피어라고까지 일컬어지며 추앙받는 인물이다. 지방의 무사 가문 출신으로, 상경하기 이전의 신상에 대해서는 알려진 바 없다. 처음에는 가미가타上方의 명배우 사카타 도주로坂田藤十郎[30]를 위한 가부키 각본을 썼지만, 1705년 다케모토좌의 전속 작가가 된 이후로 다케모토 기다유竹本義太夫를 위하여 많은 조루리 각본을 썼다. 그의 극작가로서의 위치를 확립시킨 '지다이모노時代物'[31] 《고쿠센야캇센国性爺合戦》과 '세와모노世話物'[32] 《소네자키신주曾根崎心中》, 《신주텐노아미지마心中天網島》 등의 인기작이 그의 대표작이다. 그의 작품은 의리와 인정 사이에서 고민하는 조닌의 모습 등 서민의 생활에서 소재를 취하고 있는 것이 특징이다.

《고쿠센야캇센国性爺合戦》

1715년 오사카 다케모토 좌에서 초연된 '지다이모노'로 지카마쓰의 대표작 중

---

30 겐로쿠 시대를 대표하는 가부키 배우. 에도의 이치카와 단주로에 대하여 가미가타에서 사실적이고 우아한 와고토和事의 명배우로 이름을 얻었다. 지카마쓰 몬자에몬과 제휴, 명연기로 가미가타 가부키의 기초를 구축했다.

31 에도 시대 및 그 이전의 무장 이야기를 다룬 것의 총칭.

32 당대의 세태 · 풍속 · 인정을 배경으로 사건을 다룬 것. 특히 에도 시대의 조닌 사회에서 그 소재를 가져 온 것을 말한다.

하나이다. 에도 시대 초기 중국인 부친과 일본인 모친 사이에서 태어나서 대만台湾을 거점으로 명明의 부흥 운동을 꾀한 고쿠센야国性爺 정성공鄭成功[33]을 소재로 삼아 각색한 작품이다. 작품의 공간적 배경을 일본에 국한하지 않고 외국으로까지 넓혔다는 점에서 쇄국 시대의 일본인 관객들에게 커다란 관심을 불러일으켰으며, 초연 이후 17개월 연속 공연을 기록하였다.

《소네자키신주曾根崎心中》

1703년 오사카 다케모토 좌에서 초연된 '세와모노世話物'로 지카마쓰의 최고 인기작이다. 실제로 일어났던 신주心中[34] 사건을 소재로 취한 것인데, 지카마쓰가 교토에서 오사카로 내려가던 길에 이 소문을 듣고 조루리로 각색했다고 전해진다.

이전의 작품들이 실제 사건을 제삼자의 입장에서 관찰하는 경향이 강했던 것에 비하여 주인공의 입장에서 극화했다는 것이 특징이다. 또한 작품 속 주인공을 둘러싼 인간관계와 금전문제 등 당시 조닌 사회의 사실적 묘사도 주목할 만하다.

《신주텐노아미지마心中天網島》

1720년 오사카 다케모토 좌에서 초연된 '세와모노'이다. 지카마쓰는 이 작품에서 남자가 아내 이외의 여자와 사랑을 나누려 할 때 가족들과 얽히는 괴로움을 묘사함으로써 근세 조닌 계층의 가정 비극을 다루었다. 또한 본처와 유녀 사이의 '기리義理'[35]를 예리하게 그려내었다는 점도 높이 평가된다.

---

33 명조 부흥 운동의 중심인물. 중국인 정지룡鄭芝竜과 일본인 다가와田川 씨 사이에서 태어났다. 명의 멸망 후에도 청清에 항복하지 않고 대만을 근거지로 삼아 청군에 대항했다. 남명南明의 당왕唐王 융무제隆武帝로부터 명 황실의 국성国姓인 주朱 성을 하사받았으므로 고쿠센야国姓爺라 칭하는데, 극에서는 원래 이름의 '성姓'자를 '성性'으로 바꾸어 표기하고 있다.

34 사랑하는 남녀가 동반 자살하는 것, 즉 정사情死를 뜻하는 말이다. 근세에는 실제로 신주 사건이 많았으며, 이는 조루리 · 가부키의 문학적 소재로도 많이 쓰였다.

35 공동 사회를 함께 영위하는 타인에 대한 교제상의 도덕이념으로, 체면이나 면목 등을 고려하여 싫어도 해야 하는 것을 가리키는 개념이다. '닌조人情'와 함께 '기리닌조義理人情'라는 식으로 흔히 같이 쓰이는 말로, 근세 사회에서 생겨난 문학이념 중

한편 18세기 초반에는 다케모토 좌에서 독립한 도요타케 좌豊竹座가 전속작가 기노 가이온紀海音을 맞아들여 다케모토 좌와 대립하게 되었다. 지카마쓰에 비해 주지적인 작품 성향을 보이며 장면 전환이 탁월하다고 평가받는 기노 가이온紀海音은 《야오야오시치八百屋お七》 등의 세와모노와 《가마쿠라산다이이키鎌倉三代記》와 같은 지다이모노時代物를 집필했다. 이 두 극단의 경쟁이 치열해진 결과 조루리는 공전의 전성기를 맞이하게 되었다.

합작 시대

지카마쓰와 가이온이 죽은 후, 다케모토 좌에서는 다케다 이즈모竹田出雲, 도요타게 좌에서는 나미키 소스케並木宗輔가 그 뒤를 계승하여 활약하게 되었는데, 이후로 여러 조루리 작가들의 합작 형태로 극작품이 탄생하게 되었다. 특히 다케다 이즈모竹田出雲와 나미키 소스케並木宗輔 둘의 합작에 의한 《스가와라 덴주테나라이카가미菅原伝授手習鑑》, 《요시쓰네 센본자쿠라義経千本桜》, 《가나데혼 주신구라仮名手本忠臣蔵》의 3대 명작 등이 창작되었다.

합작의 경우 전체적 구상을 세우는 중심작가인 다테 작자立作者가 있지만 장면을 각각 분담해서 쓰기 때문에 지문보다는 인물의 대화에 의존하는 경향이 두드러진다. 이러한 이유로 조루리도 연극적인 경향이 강해지면서 기교적으로 변모해 갔다. 다케다 이즈모竹田出雲 이후에 등장한 지카마쓰 한지近松半二도 《혼초니주시코本朝廿四孝》, 《이모세야마온나테이킨妹背山婦女庭訓》 등의 합작품을 내놓거나 선행 작품을 개작하며 무대 기교를 발전시키는 데 진력했으나, 그 후 탁월한 작가가 나타나지 않아 조루리는 급격히

하나이다. '닌조'는 봉건 사회의 속박을 받지 않는 사람의 자연스러운 심정을 가리킨 말이다.

쇠퇴하고 대중적 인기는 가부키로 옮겨가게 된다.

《스가와라덴주테나라이카가미菅原伝授手習鑑》

다케다 이즈모竹田出雲, 나미키 소스케並木宗輔, 미요시 쇼라쿠三好松洛, 다케다 고이즈모竹田小出雲의 합작으로 1746년 오사카 다케모토 좌에서 초연되었다. 《가나데혼 주신구라》, 《요시쓰네센본자쿠라》와 더불어 조루리 지다이모노浄瑠璃時代物의 최고 걸작으로 꼽힌다. 초연 당시부터 높은 공연 빈도를 기록한 인기작이며, 5단으로 구성되어 있다.

실존 인물인 스가와라노 미치자네菅原道真의 실각을 기본 줄거리로 삼아 그 제자인 다케베 겐조武部源蔵의 충의, 미치자네道真의 은의를 입은 시라타유白太夫의 세 아들인 우메오마루梅王丸·마쓰오마루松王丸·사쿠라마루桜丸의 비극을 극적으로 구성한 작품이다. 당시의 윤리관에 비추어 역사적 사건을 재구성하여, 권력 다툼과 좌절, 복수와 보은, 충성과 사랑 등의 내용을 폭넓게 다루고 있다.

《요시쓰네센본자쿠라義経千本桜》

다케다 이즈모, 나미키 소스케, 미요시 쇼라쿠의 합작으로 1747년 오사카 다케모토 좌에서 초연되었다. 역시 5단으로 구성된 지다이모노 조루리로 통칭 《센본자쿠라千本桜》라고도 한다. 초연의 대성공 이래 오늘날까지도 조루리와 가부키의 인기 상연목록 중의 하나로 성황리에 공연되고 있다.

도성을 떠나는 미나모토노 요시쓰네源義経를 둘러싼 헤이케平家 무장들의 복수와 요시쓰네의 애첩 시즈카静를 지키는 여우 다다노부忠信의 활약을 그리고 있다. 요시쓰네를 주인공으로 내세우고 있으나 사실 다수의 등장인물들을 연결하기 위한 존재에 지나지 않고, 이야기의 주체가 되는 것은 다이라노 도모모리平知盛·다이라노 고레모리平維盛 등의 헤이케 무장들과 요시노吉野의 서민 일가, 그리고 요시쓰네의 가신 다다노부로 위장한 여우이다. 이들을 주역으로 삼은 세 가지의 이야기가 교대로 상연되는 형태로 구성되어 있다.

《가나데혼 주신구라仮名手本忠臣蔵》

아코赤穂 무사들의 복수극을 각색한 조루리의 대표작이다. 다케다 이즈모, 나미키 소스케의 합작으로 1748년 8월 오사카 다케모토 좌에서 초연되었다. 그해 말에는 가부키로 만들어지는 등 창작 당시부터 폭발적인 주목을 받은 작품으로 현재까지도 그 인기를 유지하고 있으며, 흔히 《주신구라忠臣蔵》라고 불린다. 당시 무사들의 사건을 실명으로는 극화할 수 없다는 규제 때문에 중세의 《다이헤이키太平記》에 등장하는 인명을 빌려 각색하였고, 전체 11단으로 구성되어 있다.

《가나데혼 주신구라》는 아코赤穂 사건[36]을 다룬 기존의 작품들을 집대성한 걸작으로, 의사극義士劇으로서의 전형을 창출했다. 또한 역사적 사실에 대한 신선한 해석과 11단을 사계절로 안배하여 전개한 점, 당시 세태를 생생하게 반영했다는 면 등이 돋보인다.

엔야 한간塩谷判官의 가신 오보시 유라노스케大星由良之助를 비롯한 47인의 무사들이 주군의 원수 고노 모로나오高師直를 치는 복수극을 중심으로, 오카루お軽와 간페이勘平의 사랑과 충의 등 부수적인 이야기들을 드라마틱하게 첨가하여 각색했다. 조루리와 가부키의 최고 인기작이며, 그 끊임없는 흥행 기록 때문에 연극의 '독삼탕独参湯'(기사회생의 묘약)이라 불린다.

가부키歌舞伎

가부키란 명칭은 이상한 행동을 한다는 의미의 '가부쿠かぶく'라는 단어에서 유래했다. 1603년에 이즈모타이샤出雲大社의 무녀巫女였던 오쿠니お国라는

---

36 1701년 3월 14일, 에도 성에서 조정의 칙사를 맞이하는 중, 접대역이었던 아코의 번주藩主인 아사노 나가노리浅野長矩가 막부의 의전 담당인 기라 요시나카吉良吉央에게 칼을 휘둘러 상처를 입히는 사건이 발생했다. 이 불상사에 격노한 5대 쇼군 쓰나요시綱吉는 당일로 아사노浅野에게 할복을 명하나 기라吉良 쪽에는 아무런 처벌을 내리지 않았다. 싸운 사람은 양쪽 모두 처벌한다는 무가 사회의 원칙에도 불구하고 이처럼 불공평한 판결이 내려진 것에 불만을 품은 오이시 구라노스케大石内蔵之助를 비롯한 아사노의 가신 47인의 무사들은 기라를 습격하여 복수극을 벌였다.

여자가 신사神社 건립금을 마련하기 위해 특이한 차림으로 춤을 춘 것이 선풍적인 인기를 끌었다. 그녀는 가슴에는 십자가, 허리에는 표주박을 매단 특이한 모습으로 춤을 추어 많은 주목을 받았는데, 이를 가부키오도리歌舞伎踊り라고 한다. 이것이 온나카부키女歌舞伎로 발전했으나, 이 춤을 유녀들이 호객수단으로 이용하면서 풍기문란을 유발한다는 이유로 막부幕府의 탄압을 받게 되었다.

막부가 여성의 출연을 금지한 이후 여자를 대신하여 미소년을 중심으로 한 와카슈카부키若衆歌舞伎가 성행하게 된다. 그러나 이것도 남색으로 인한 풍기문란을 이유로 금지되었다. 이와 같은 단속으로 인하여 공연이 어려워지자, 성인 남자들만을 가부키 무대에 세운다는 규약으로 막부의 허가를 받아 오늘날과 같이 남성만이 연기하는 야로카부기野郎歌舞伎로 변화하게 되었다. 특히 여성 출연이 금지된 이후 남자 배우들이 여자 배역까지 담당하는 온나가타女形[37]라는 특수한 연출법이 생겨났다는 점도 주목할 만하다.

가부키의 발전

18세기 중엽부터 가부키도 조루리처럼 대본이 정비되어, 특히 나미키 소스케並木宗輔에게 사사한 나미키 쇼조並木正三는 조루리의 각색 방식을 가부키에 이식했고, 점차 조루리의 인기작이 가부키로 만들어지거나 그 반대의 경우도 생기는 등 두 장르의 극 문학이 서로 교통하게 되었다. 이후, 이치카와 단주로市川団十郎[38]와 같은 명배우들의 활약으로 가부키는 점차 조루리를

37 가부키의 배우가 남성으로 한정된 후 등장한 여성 역할의 전문 배우. 연기 훈련과 마음가짐의 수련을 통해 실제 여성 이상으로 양식화된 여성미를 표출하는 경지를 목표로 한다. '오야마'라고도 부른다.

압도하며 전성기를 맞게 된다.

19세기 초 문예 전반에 침투한 퇴폐적 경향은 가부키에도 영향을 미쳐, 강렬한 자극과 엽기적 취미를 만족시키기 위한 사실적 연출의 '기제와모노生世話物'가 나타났다. 근세 후기의 대표적인 가부키 작자로는 쓰루야 난보쿠鶴屋南北를 들 수 있다. 배우를 겸하면서 100여 편 이상의 작품을 집필한 난보쿠南北는 예리한 관능미와 서민 생활의 진실성을 보여 주었다고 평가되는 작가로, 《오소메히사마쓰우키나노요미우리お染久松色読販》, 《도카이도요쓰야카이단東海道四谷怪談》 등의 대표작이 있다.

《도카이도요쓰야카이단東海道四谷怪談》

기부키 세와모노 중 하나, 쓰루야 난보쿠 작으로 1825년 에도 나카무라 좌中村座에서 초연되었다. 통칭 《요쓰야카이단四谷怪談》이라 불린다. 겐로쿠 시대에 발생한 사건을 소재로 취하여 창작한 괴담으로, 에도의 요쓰야四谷를 무대로 하고 있어 이와 같은 명칭이 붙었다. 한 여자가 질투로 죽고 그 원령이 남편에게 씌었다는 항간의 소문을 각색한 것으로, 그 줄거리의 괴기성과 잔혹함으로 명성을 얻었다.

주인을 잃은 로닌浪人 이에몬伊右衛門이 출세를 위해 아내인 오이와お岩의 독살을 꾀하고 그녀는 결국 살해당하나, 이에몬은 그 원령의 앙화를 입어 파멸한다는 내용이다. 이후 닌교조루리와 이야기 예술 형태인 고단講談으로도 번안되어 일본 괴담의 대표작으로 지위를 굳혔다.

---

38 초대初代(1660-1704년)에 무사, 오니鬼 등 호탕하고 거친 성격의 남성적 인물을 연기하고 연출하는 아라고토荒事 가부키의 창시자로, 겐로쿠 시대를 대표하는 명배우였다. 《산카이나고야参会名護屋》 등 다수의 대본을 직접 집필하기도 했다.

가부키의 대성

난보쿠의 사망 후 가부키가 쇠퇴기에 접어든 상황에서 에도 가부키의 대성자로 평가되는 가와타케 모쿠아미河竹黙阿弥가 등장하여 근대 초기에 이르기까지 활동을 계속했다.

모쿠아미黙阿弥는 유려한 대사로 각본에 에도의 정서를 담아내고, 특히 도적을 제재로 하는 작품을 다수 발표했다. 대표작으로 〈아오토조시하나노니시키에青砥稿花紅彩画〉, 〈간젠초아쿠노조키카라쿠리勧善懲悪覗機関〉 등이 있다.

근세 문학 관련 주요 용어 해설

와비わび……한자로는 '侘び'라 표기하며, 동사 '侘ぶ'에서 온 말이다. 원래는 불우 · 고독 · 무료함 등을 탄식하는 비애감을 띠는 소극적 개념이었다. 그러나 바쇼芭蕉에 의해 불우나 빈곤 속에서 오히려 마음의 안정과 만족을 찾는 적극적인 미의식으로 승화되게 되었다. 선禅의 정신과도 깊은 관련이 있으며, 다도茶道의 주요 미의식 중 하나이기도 하다.

사비さび……한자로는 '寂び'라 표기하며, 동사 '寂ぶ'에서 온 말이다. 바쇼芭蕉의 작풍에 보이는 문학이념에 관한 용어로, 구句의 여정余情에서 느껴지는 한적한 분위기를 주조로 하며, 그 분위기가 띠고 있는 깊고 은은한 미적 정취를 가리키는 말이다. 렌가連歌에서도 중요 미의식으로 여겨졌으며, 바쇼에 의해 근세 하이카이의 중요 미의식으로 도입되었다.

'와비わび'와도 공통되는 고담枯淡의 경지이며, 구 자체를 음미할 적에는 이것을 또 세분해서 '시오리しをり', '호소미ほそみ'로 파악하기도 한다. '시오리'는 자연이나 인간을

바라보는 작자의 깊은 영탄이 구의 여정으로 느껴지는 것을 가리키며, '호소미'는 대상에 깊이 파고드는 섬세한 시심詩心을 느끼게 하는 것을 가리킨다.

가루미軽み……《스미다와라炭俵》, 《조쿠사루미노続猿簑》로 대표되는 쇼후 후기의 문학이념이며, 만년의 바쇼가 가장 역점을 들여 주창했던 이념이다. 상투적인 관념이나 틀에 박힌 작위作為를 배격하고, 평이한 표현으로 일상 속의 시정을 발견하여 적어가는 작풍, 또는 그 경지를 가리킨다.

후에키류코不易流行……바쇼 하이카이의 용어 중 하나이다. '후에키不易'는 시대를 초월하여 영원히 불변하는 것, '류코流行'는 그때그때 사람들의 기호에 따라 늘 변하는 것을 가리킨 말이다. 일견 서로 대조적인 듯이 보이는 이 두 개념은 모두 풍아風雅의 진정성에서 출발하는 것이기에, 근본에 있어서는 같다고 간주된다. 다시 말하면, 끊임없이 새로운 것을 추구하여 변하는 유행성에야말로 영원불변의 '불역不易'의 본질이 있으므로, 유행과 불역은 결국 동질의 것이라 보는 것이다.

바쇼가 '不易流行'라는 형태로 사용한 용례는 보이지 않으나, 그의 제자 교라이去来 등에 의해 '스승의 말'이라는 형태로 종종 얘기되어졌다. 이것은 쇼후의 주요 문학이념 중의 하나였으며, 현재의 생활에 안주하지 않고 늘 스스로를 채찍질하며 새로운 문학의 지표를 향해 정진해 갔던 바쇼의 인생철학이기도 했던 듯하다.

스이粋・쓰通・이키いき……근세에 나온 미의식들로, 유곽 문화의 산물들이다. 근세 전기에는 '스이粋', 중・후기에는 '쓰通'・'이키いき'라는 식으로도 구분되나, 셋 다 유곽에서 나온 유흥이념이라는 점에서 동질의 개념이며, 의미도 거의 같다.

'스이粋'는 유곽놀이에 능숙하여 유녀나 유곽의 사정에 정통하여 사람의 기분을 잘 헤아리는 사람, 또는 그러한 생활정신을 가리키는 말이다. 또, '쓰通'는 '스이粋'와 '이키いき'를 포괄하는 개념이며, '이키いき'는 '意気'라고도 표기하여 근세 후기 사람들의 외양적 세련미를 나타내는 말로 널리 쓰였다.

찾아보기

인명

서명

기타

일본학총서 간행사

한 · 일 양국은 지정학적인 위치뿐만 아니라, 정치 · 경제 · 사회 · 문화 등 제반 분야에서 그 어떤 나라보다도 가까운 이웃이라 할 수 있다. 그렇지만 양국은 '가깝고도 먼 나라'라는 표현처럼 서로를 심리적으로는 가까이 하기 어려운 대상으로 여겨왔고 지금까지도 그러한 경향이 적지 않게 남아 있는 것 또한 사실이다. 일견 이 모순되는 상황은 양국의 역사적인 갈등과 대립에 의해 형성된 측면도 있지만, 그보다 더 본질적인 원인은 서로에 대한 심도 있는 인식과 이해가 부족하다는 점에서 찾을 수 있다.

21세기 글로벌 시대를 맞아 일본을 재인식하자는 분위기가 점차 고조되고 있으며, 그에 발맞춰 과거 국내에서 행해졌던 일본연구에 대한 반성과 더불어 새로운 비전 설정이 요구되고 있다. 이에 따라, 피상적인 일본이해를 벗어난 분석적이고 본질적인 일본이해의 필요성과, 일본의 특정 분야 연구에서 끝나지 않은 열린 연구에 대한 지향성이 요구되고 있으며, 금후의 한일관계를 공존 · 공영이라는 큰 틀 안에서 재정립하기 위해서 동아시아적 시각으로 세계의 구조 속에서 일본을 파악할 필요성이 대두하고 있다고 하겠다.

이에 고려대학교 일본학연구센터에서는 기존의 연구성과를 정리하여 일본연구를 체계화하고 새로운 방향성을 설정하고자 '일본연구총서'의 간행을 기획하게 되었다. '일본연구총서'는, 국내외 학자들의 일본 연구서,

교양서, 연구 명저의 번역 등을 모은 '일본학총서'와 일본이해의 기반을 이루는 고전명작을 해당 전문가가 번역한 '일본명작총서'의 두 분야로 이루어져 있다. 본 간행 사업은 거시적인 안목에서 지속적으로 추진해 나갈 예정이며, 이를 통해 한국에서 일본연구의 질적 향상과 더불어 인문학 발전에 기여할 수 있기를 바란다.

아무쪼록 '일본연구총서'가 외국연구의 이정표가 되기를 기원하며, 마지막으로 본 총서의 간행을 담당해 준 고려대학교출판부, 그리고 간행사업을 지원해 준 일본국제교류기금과 만국박람회기념협회에 깊은 감사를 드린다.

고려대학교 일본학연구센터
일본연구총서 간행위원회

▎본서는 2006년도 일본 만국박람회기념협회와 국제교류기금의 보조금에 의한 출판물이다.
本書は平成18年度日本万国博覧会記念協会と国際交流基金の補助金による出版物である。

일본학총서·3

일본 고전문학의 배경과 흐름

초판 발행 2007년 2월 27일
초판 2쇄 2012년 9월 21일

지은이 김충영

펴낸곳 **고려대학교출판부**
www.kupress.com
kupress@korea.ac.kr
136-701 서울특별시 성북구 안암동
02-3290-4230, 4232
Fax 923-6311

찍은곳 (주)동화인쇄공사

ISBN 978-89-7641-600-1 04830
ISBN 978-89-7641-589-9(세트)

값 10,000원

* 잘못 만들어진 책은 바꿔드립니다.